陟彼景山

——十一位中外学者访谈录

戴 燕 主编

中华书局

图书在版编目（CIP）数据

　　陟彼景山：十一位中外学者访谈录/戴燕主编. —北京：中华
书局，2017.1（2018.4 重印）
　　ISBN 978 - 7 - 101 - 12171 - 1

　　Ⅰ. 陟…　Ⅱ. 戴…　Ⅲ. 学者 - 访问记 - 中国 - 现代　Ⅳ. K820.7

　　中国版本图书馆 CIP 数据核字（2016）第 229008 号

书　　名	陟彼景山：十一位中外学者访谈录
主　　编	戴　燕
责任编辑	贾雪飞　周　语
封面设计	刘　丽
书名题签	徐　俊
出版发行	中华书局
	（北京市丰台区太平桥西里 38 号　100073）
	http://www.zhbc.com.cn
	E - mail：zhbc@ zhbc.com.cn
印　　刷	北京瑞古冠中印刷厂
版　　次	2017 年 1 月北京第 1 版
	2018 年 4 月北京第 2 次印刷
规　　格	开本/889×1194 毫米　1/32
	印张 6⅞　插页 4　字数 120 千字
印　　数	8001 - 14000 册
国际书号	ISBN 978 - 7 - 101 - 12171 - 1
定　　价	48.00 元

彭刚 (右) 同何兆武先生 (左) 2016年于北京合影。

戴燕（左一）与章培恒先生（左四）等1984年于南京师范大学合影。

戴燕（左）同裘锡圭先生（右）2015年于裘锡圭先生寓所。（吴湛摄）

戴燕（前排左二）同张信刚先生（后排右二）等2010年香港登山合影。(张隆溪摄)

目 录

序

戴　燕

　　二〇〇六年，何兆武先生的《上学记》出版，轰动一时。 在这本书中，何先生讲述了他在西南联大读书时的情形，是在抗战那个特殊年代、一群流浪知识分子的生活。与钱锺书同样写抗战时期几个颠沛流离的大学教师的小说《围城》不同，何先生是在几十年后去回忆那一段时光，他强调更多的还是那个时代许多知识分子心中都有的理想主义、他们对民主自由的追求，而在一些重大事件和历史人物的评价方面，他也有自己的看法，并且非常坦率，因此，不少人看了这本书以后，便开始期待传闻中的他的下一部"上班记"。

　　何先生是葛兆光在清华大学时的同事，我们一度住得很近，经常在校园里不期而遇。认识何先生之前，我已经受益于他翻译过的不少名著，那时恰好替《书城》杂志帮忙，就同彭刚商量，给何先生做一篇访问。彭刚是何先生的学生，为人为学都有几分神似何先生，他做的这个访问因而相当体贴，虽然不是正式的"上班记"，但何先生还是谈到了他在中国社会科学院历史研究所工作的经历和见闻，三十年的风风雨雨，也谈到学术与政治、学者与权力的关系。

那一年，正好我们离开北京到上海，因为与复旦大学的朱维铮先生相识超过二十年，在上海的第一个访问便约了朱先生，谈的也是当时备受瞩目的"国学"问题。朱先生不是一个脱离现实的学者，他的批判性极强，教书、写作都带有激情，就如过去人常说的一句话：对待朋友像春天般温暖，对待敌人像严冬一样残酷无情。当然，他做事情也格外用力，甚至较真到苛刻的地步。由于我说过杂志的篇幅有限，访谈不能做得太长，当我们把根据录音整理好的谈话稿交给他过目，再拿回来时，就变成了一篇几乎是改写过的、删掉了所有问话的整整齐齐的稿子，从国学到经学、从晚清到民国，逻辑更严密，论述更清晰，话锋也更犀利。这篇题为《"国学"答问》的文章，发表在《书城》的二〇〇七年第九期。

等到访问何先生的《〈上学记〉之后》于同年十一月发表，我带着《书城》杂志回到北京，访问李学勤先生。李先生是在二〇〇三年前后从中国社会科学院回到清华大学的，从那以后，我们才有机会比较多地见到这位忙碌的学者。我们是既佩服他的睿智、博学，也佩服他的自律。很早以前就听到一个故事，说李先生家里始终只有八个书柜，多少年里就是只保留这八柜子书，后来房子大一点，才增加到十几个柜子。对李先生的访问，自然离不开上古史，当初他主持夏商周断代工程，目的是要证明中国确实有五千年文明的历史，在海内外学界引起轩然大波，学术性、政治性的议论都有。访谈时，我有意避开了过分政治化的提问，但还是请他从考古专业以及比较文明史的角度，谈他的上古史观、他的学术理念，甚至他一生的抱负。这篇访谈很快发表在《书城》的二〇〇八年第一期。

我是到了复旦大学以后，才和王水照先生有了接触，慢慢地熟悉起来。王先生曾说我和他先后毕业于同一所大学，先后任职于同一个研究所，然后都到了复旦，这是一种缘分。而我对他这一班前辈的了解，主要是由于多年前曾仔细读过他参与编写的北大一九五五级"红皮本"文学史，又反复读过他参与的另一部中国科学院文学研究所编写的"绿皮本"文学史。对他的访问，因此也就这样是从"文学史"开始。回首往事，听他讲究竟是在怎样一种气氛下，当时那些大学三年级的学生自己动手写了一部文学史。他们要"破"的是什么，"立"的又是什么？为什么这一做法会受到鼓励、成为流行？在他们这一代人的学术生涯中又留下什么样的影响？这篇访问记也发表在《书城》的二〇〇八年第九期。

在复旦大学，我认识最早的其实是章培恒先生，那时我才大学毕业不久，后来很多年，每到上海，拜访章先生都是一个固定节目。我认识的章先生，在爱憎分明这一点上，与朱维铮先生是颇为相似的，而在讲义气方面，他"任性"、不顾一切的程度，在学界中也实属罕见。我们到上海时，他已经生病，我在他给研究生开的古代文学课上曾听过一节，只见他不但课上得规规矩矩，西装领带也穿戴得一丝不苟。做访问的那一天，他已经脚肿得厉害，必须要将两条腿平举，怎么坐都不舒服，可他还是极其耐心地答问，还是冷不丁冒出一句幽默的话来，讲他一贯坚持的"文学是人学"，讲鲁迅、顾颉刚。这篇访问发表在二〇〇八年第十二期的《书城》。

学英文的人，大概没有不知道上海译文出版社出版的《英汉大词典》以及新近由复旦大学出版社出版的《中华汉英大词典（上）》，这两本大词典的主编，都是复旦大学的陆谷孙先生。就像章先生一样，陆先生在复旦、在上海都受到特别的尊重，有一段时间，他隔三岔五地给《南方周末》等报纸写文章，讲述他在复旦六十年经历过的人和事，里面有很多掌故，使我们这些外来人对复旦的历史也能有一点直观感受，所以和陆先生相识虽晚，却也一见如故，并不陌生。陆先生是一个对语言、文学都极其敏感的学者，人本来也相当温和，可是在现实中，似乎也还是有他内心的不平和无奈。对他的访问，发表在《书城》二〇一二年第五期。

二〇一五年恰逢裘锡圭先生八十寿辰，三十多年前，他就是教我们古文字学课的老师，他学问的严谨、做人的正派，有口皆碑。本来在北京、上海，我们都住同一个院儿，经常碰面，但是知道裘先生太忙，早就预约的访问竟一直拖到他八十岁这一年。访问从他倡议的古典学重建开始，谈到现代学术史上的"古史辨"派，也谈到形形色色对传统文化的理解与复兴。因为是给《书城》量身定做，访问时免不了也将裘先生"拉下水"，请他发表对有关现实问题的看法，裘先生不仅回答得爽快，而且就像他讨论学术时喜欢用的一句口头禅"实事求是"，在现实世界里，他也不愿意苟且。这篇访问发表在《书城》的二〇一五年第九期，刊出当日便在网络上疯传，令人意外。

二〇一一年章培恒先生去世，翌年朱维铮先生去世，就在编辑校对本书的过程中，陆谷孙先生突然去世，这都使我们深感怅然，而庆幸的是，在他们生前，我为他们都做了这样一篇访问。

这些年陆陆续续访问的都是这样的前辈，是经历过战争与革命这种大转折、大动荡时代的一辈人。虽然没有刻意规划，却是由于这样那样的机缘，得与这些前辈学者谈话，并将它们记录下来，与更多的读者分享。如果说这里面有我的"私心"的话，那就是我相信一代有一代之学术、一代有一代之思想，这一代学术、思想的风气正是体现在一个个学者身上，而通过对那一辈学者的访问，是可以了解到在过去那个即将被有意无意忘记的时代，到底发生过什么样的历史，在那一段历史中的学者又有过什么样的思考——他们的政治关怀和学术理想是什么？在巨大的社会变动中，他们如何选择自己的人生道路，而在各自的专业领域，他们又如何起到承上启下的作用？从时代的影响和学术的传承来看，他们正好是在我们前面的一代人，是我们要直接继承的一代，如果没有对他们的人及其时代的充分了解，恐怕很难作出公正的评价，同时也难以像老话说的"鉴往知来"。

二〇一〇年我在香港城市大学客座教书，周末常随城大的朋友登山，张信刚先生是这小小登山队里的元老，因此我们有过不少谈话。认识张先生，还是在他当城大校长的时候，他是一个科学家，偏偏在推动中国文化的普及和教育方面做过巨大投入。二〇〇七年他退休以后，好像比过去更加忙碌，围绕人文与科技、世界与中国等话题，奔波于世界各地，观察、写作、讲演。张校长出生在沈阳，一九六〇年代从台湾到美国留学，由于是海外"保钓"运动的骨干，一九七二年就回国见到周恩来总理。他也属于上一代知识分子，然而他经历过的岁月，与和他同岁的陆谷孙先生就完全不一样，不一样的岁月，在他身上留下的痕迹也全然不同，我为他做访问，由此特别留意的就是像他这样的海外华人学者，究竟是以什么样的心情看中国。他们的理想在哪里，理想又如何照进现实？这篇访问发表在《书城》的二〇一〇年第九期，收入本书，就是为了提供一种历史的对照。

本书的压轴，即对兴膳宏、川合康三、金文京三位日本学者的访问，事实上做得最早，曾发表于《文学遗产》一九九九年第一期。那还是在一九九八年，葛兆光到京都大学当客座教授，我随同前往，那时经常见到的就是兴膳宏等几位教授，在日本的中国古典文学研究界，他们当时就已经是顶尖学者。兴膳教授与朱维铮先生同岁，青少年时代是在"二战"中度过，一九六五年读博士时第一次到中国，除了访问北大、复旦，还去过"革命圣地"延安、韶山。他研究的是中国古典，可是与传统的日本汉学家已经完全不同，他对现代中国同样怀着美好的想象和热情。当然，他首先还是一个非常专业的学者，在他与川合康三、金文京教授身上，都看得到日本学者特有的那种细致、沉着的作风，而他们也都告诉我们，在深受中国文化影响的日本，研究中国会带入一些什么样特殊的经验和方法，中国与日本在这里会是以怎样的方式碰撞、交融。将这篇访谈收入本书，也许可以提供又一种不同的历史对照。

　　为上一代学者做的这些访问，这次能够结为一集出版，首先，当然要感谢所有的受访者，谢谢他们的支持和配合，这些访问稿，都是他们亲自审定的。也要感谢彭刚，允许我收入他对何先生的访问。其次，是要感谢帮助我整理过录音的王水涣、雷仕伟、杜斐然、陈文彬、吴湛、周语等几位年轻朋友，访问兴膳宏等三位教授时，还得到过现任京都大学教授的木津祐子的帮助，也要谢谢她。最后，要感谢中华书局的老朋友徐俊先生，还有中华书局上海分公司的余佐赞先生，是他们促成本书的出版。

书的题名"陟彼景山"，取自《诗经·商颂·殷武》，这是宋人在怀念他们的殷商先人时唱的一首乐歌，所以在回顾了殷王武丁建都于商邑的伟大成就之后，歌中唱道："陟彼景山，松柏丸丸。是断是迁，方斫是虔。松桷有梴，旅楹有闲，寝成孔安。"意思是登上高山，看到那些粗壮挺直的松柏，将它们砍伐、搬运下来，建成宗庙，用于祭祀祖先。"陟彼景山"，在这里，用的就是采集上好的材料以建宗庙之意，只不过这里说的是学术上的传承，是用访谈的形式来表达我们对于前辈学者的敬意。

二〇一六年七月底于复旦大学

何兆武

《上学记》之后

何兆武

1921 年生于北京。1943 年毕业于西南联大历史系，1946 年西南联大外文系研究生毕业。1956—1986 年任职于中国社科院历史所，1986 年起任清华大学思想文化研究所教授。主要著作有《中国思想发展史》、*An Intellectual History of China*，主要译著有卢梭《社会契约论》、康德《历史理性批判文集》、罗素《西方哲学史》、柯林武德《历史的观念》等。

期待《上班记》：个人化的学术史

彭　刚：《上学记》出版后，引起了很多人的关注，因为您自己亲历的历史，和我们根据后人记叙看到的历史有很大的不同。传说以后还会有一本"上班记"，讲您解放后的经历，能不能请您谈谈这方面的情况？

何兆武：这本书并没有写。《上学记》的缘起主要是谈天，文靖同志主要是想了解一下解放前我们的生活情况，没有怎么涉及以后的事情。她当时来聊了几次，写了两篇文章发表了，她自己觉得有点兴趣，就继续下来写成了一本书，这些都是我开始没有想到的。

彭　刚：我们猜测大家对"上班记"感兴趣的原因，一个是您是一九四九年以后许多重大政治运动的亲历者。您长期在中国社科院历史所工作，而那里，也就是原来的中国科学院哲学社会科学学部，在历次运动中是一个相当重要的地方，您的个人经历也是重要的历史资料；再就是您曾经和在二十世纪学术史上占有重要地位的不少人物，比如侯外庐、谢国桢，还有李泽厚等，都有过近距离接触，大家想通过您的讲述来了解一下您亲历的"个人化的学术史"。

何兆武： 这个工作得找核心的人物，我是边缘化的。我在历史所工作了三十年，但那些运动我都是槛外人。原来历史所有个叫田昌五的同志，他了解一些具体情况，后来我们在北京见过几次面，以后他到山东大学去了。我们知道古奇（G. P. Gooch）有一本很著名的书《十九世纪的历史学与历史学家》，是研究十九世纪史学的人都要看的。我有一次曾向田昌五说，你应该写一本"二十世纪中国的历史学与历史学家"，那时候我们历史所是一个很复杂的阵地，他也很愿意写，因为他了解一些内情。后来他没来得及写就去世了。二十世纪下半叶的历史学和现实政治纠缠太深，不是不了解内情的纯学者所能率尔操觚的。

彭　刚： 不知道事实固然不能了解政治运动的很多方面，但您也完全可以从自己的角度来讲呀，这也牵涉到大的历史背景下每个不同个体的命运和感受。比如，您曾经谈到林彪爆炸后不同人等的反应，又比如当时的干校连长专门找人借钱，包括被专政对象的钱，我觉得这些细节都挺有意思的。

何兆武： 他也没有找所有人借钱，只找有把柄的以及一些被镇压对象来借。这些政治运动及其内幕运作还得找当时的核心人物，他们了解内情。我们这些边缘化了的人不清楚，现在有些事情解密了，但很多事情还不清楚。比如说当时为什么要批《海瑞罢官》，原来是因为我们罢了彭德怀的官，后来还罢了刘少奇的官，还要大搞"文化大革命"。当时这些情况我们完全不知道，开始就是单纯从学术观点讨论，贪官清官那样来讨论，没有什么结果。现在这些事情解密了，知道是毛泽东把中央文革小组的几个人找了去，说你们这样评《海瑞罢官》是没有击中要害。要害是罢官，我们罢了彭德怀的官。而像我们这类边缘的人就不知道里面的内情了。

不过这一段时期的很多情况确实很有意思，而且给我们留下了很深的记忆。"文革"刚开始的时候，我们历史所的人突然接到一个任务，就是全所的同志都来参与整理中国历史上历代政变的材料，搞了大概一两个月，当时都不知道怎么回事。后来林彪搞了一个"政变经"，我想和当时我们搞的问题大概是有关系的。

彭　刚：您说的知道内幕的人，包括哪些呢？比如说当时历史所的领导？

何兆武：是的，这些人都知道一些情况，而且不少人也都还在世。我觉得像江青和姚文元去世就比较可惜，他们没有留下第一手的原始材料。我想可以把这些资料留下来存到银行的保险柜里，封存一百年，到时候再解密就行。现在"二战"时德国的资料都解密了，包括宣传部长戈培尔博士的。意大利墨索里尼的女婿、外长齐亚诺的日记也出来了，前苏联的大量材料也解密了。这些对于研究历史的人来说是无比重要的。

彭　刚：记得您在一篇回忆文章里谈到"文革"期间，您和顾颉刚、谢国桢先生关在同一个牛棚，结果各人对牛棚生活都有不同的反应，这也很有意思。您好像说谢先生就跟您谈起过他的老师梁启超先生的故事。

何兆武：谢国桢先生去世得早，他原来是清华国学院的学生，毕业后做梁启超的秘书。他跟我谈过这样一件事情，谢国桢说有一个夏季的晚上，几个学生和梁启超谈话，有个学生问道：老师您是搞学问的人，怎么卷到政治里面那么深？结果梁启超打开了话匣子，一谈就谈了整整一个晚上，到第二天天亮才散。我问谢先生还记得不记得谈话内容，他说还记得一些，我说那些你写出来就是第一手的史料了。梁启超从事的都是实际的政治活动，民国后做过北洋政府的司法总长和财政总长。他的思想言论风靡当世，影响很大，我们知道后来郭沫若写过回忆说，当时梁启超的思想言论，青年们几乎无人不读，郭对梁的历史评价，我以为也是中肯的。

彭　刚：还有李泽厚先生，您也和他共事过？对李泽厚的学术成就，人们有很多不同的看法。二三十年前他影响极大，但如今的年轻人中知道他的似乎不多了。

何兆武：我认识他是因为他在哲学所，在同一个学部，他们在一楼，我们在二楼，他搞中国思想史，我们也搞中国思想史，后来他搞康德，我也搞康德。就是这样一段共同的经历。关于他的评价很多，我就谈一点我个人的想法，我觉得在二十世纪这么多思想文化人士里面，有自己思想的人并不太多，而李泽厚是其中比较突出的一个。很多人都没有自己的思想，只是按照原来的格局对号入座，说这一个是唯心论，那一个是唯物论，这是代表什么阶级，那又是代表什么阶级等，太简单化、教条化了，他倒确实是很有自己的想法。开头时我觉得他的思想还没有跳出原来的格局，后来我觉得他是跳出来了，也包括一些不合时宜的思想，比如说"告别革命"之类。

"救亡压倒启蒙"，其实有些人在他之前就提出过类似的想法，并不是他首先发明的，但是他把这个概括了一下，变成了一个口号式的提法，这有一定的道理。当时中国面临亡国灭种的危险，提什么思想时首先必须把这一点提出来，毕竟这一点比其他因素都更重要。比那些自由、平等、博爱更重要，一直到抗日战争都是如此，抗日救亡是大家都拥护的。一代有一代的问题，"江山代有才人出，各领风骚数百年"。即使是当年《联共（布）党史》那样的经典，现在也很少有人引征了。

道德困境：历史评价的伦理问题

彭　刚：这里遇到一个道德困境。您多次提到，您有个同事叫杨超，当年和张岂之、林英、李学勤等先生一起是侯外庐先生《中国思想通史》编写班子的助手，对他的才学和人品您有很高的评价，可是在清查"五一六"时，他却为了证明自己的清白而自杀了。记得您曾经发出过这样的疑问：历史的演进为何要以牺牲人类自己最优秀的分子为代价？后来您对康德及其伦理学的兴趣，是否就出于这样的困惑？

何兆武：前几天我见到张岂之，他也说起，杨超是一个很有才华的人，很是可惜。北大有一位教授，现在已经去世了，他的学生写文章纪念他，里面谈到他说自己在"文革"中其实没有吃多大亏，因为他的哲学就是"好汉不吃眼前亏"。但是，不吃眼前亏，就多少得要牺牲原则，不吃眼前亏是不是就得跟着形势走，这就碰到一个很大的伦理学上的问题。

人要英勇，可是大家都那么英勇了，都牺牲了性命，也未必好。推而广之，可以想想"文革"期间作假证的问题，比如说批判你是"五一六"，大家都跟着批判，说你是"五一六"，说你怎么怎么反动透顶，这当然不对。可是你一个人站出来说，我不是"五一六"，我也不知道谁是"五一六"，你能不落得个替坏人开脱的罪名吗？像我们学部抓"五一六"的时候，第一个被抓住的并不是"五一六"，工宣队的人也知道他不是，而是他贴出了一张大字报说：哪里有这么多的"五一六"？马上就被扣上罪名——"破坏运动"。我们历史所，我估计当时涉及的人有一半左右的青年。有个同志在会上声称，我们所百分之八十的人都是"五一六"，明知道不可能是事实，但是你不能反对他。你不能说哪里有这么多、最多不过是百分之一二十吧，那么你马上就是破坏运动了。

彭　刚：您自己好像是因为样板戏的问题在"文革"时进了牛棚，您是不太赞成的？

何兆武：我不是反对样板戏，只是觉得用京剧古典形式来表现现代戏不合适。我觉得京剧那种形式，必须是穿着戏装表达一种相应的情景。梅兰芳早年的时候也演过一些当时的时装剧，但是到后来就不演了，专演古装戏。古典的形式只适合于古典的内容。我觉得在这个问题上，应该允许有不同的意见。

"文革"期间，这个事情也成了我被关进牛棚的罪状。那时罪名都很可怕，比如还有一条罪状是我吃面包是"崇洋媚外"，我很奇怪，吃面包也可以成为罪名，难道无产阶级革命派都没有吃过面包？实际情况是当时我们单位的食堂开饭是十二点，但是我按时到了，师傅就跟你说饭没有了，明天早点来，于是十一点半就得去排队，不然就没了。我想着排那么长时间的队不值得，就自己带面包去吃。

当时被关进牛棚，我有两条主要罪状：一个是恶毒攻击"我们敬爱的江青同志"。其实我没有恶毒攻击过她，只是觉得用京剧形式演现代故事性质的样板戏，不太合适。另外一条是"为中国复辟资本主义招魂"，就是我翻译了罗素的《西方哲学史》。其实这是毛泽东交译的，当时我并不知道是他交译的，这是后来我的老同学、商务印书馆副总编辑骆静兰女士告诉我的。假如我知道，当时也不敢说，否则不就成了是他们在恶毒攻击伟大领袖了吗？

彭　刚：您刚才谈到当年建议田昌五去写"二十世纪中国的历史学与历史学家"，类似这样的课题您认为还有哪些？就是比较有价值又很少人做的，值得中青年学者去做？

何兆武：这样的问题不好写，但不能说不好写就不写了。其实有很多人现在还健在，对这段历史现在抢救还来得及，因为有人是亲身经历过的。过几年这些人不在了，你就只能根据别人的记录来整理，面对的就不是活人而是史料了。

历史学和政治这样紧密的结合是空前的，这是我们这一代人面临问题的一个特色。我们现在的领导人或许对历史没有像毛泽东本人那么大的兴趣了。

西方国家对现实是直接评论的，不用通过评论历史来表达对现实政治问题的态度。像"文革"时，假如吴晗真要谈彭德怀的问题，他也只能通过写《海瑞罢官》来说话，他不能直接写一篇文章来谈论彭德怀的问题，说他没有反党等。在美国，比如克林顿的绯闻，当时就直接被披露了，在中国则往往是贪官被揭发了之后，他的绯闻才为人所知晓，不是贪官就不会听说有绯闻。

彭　刚：弄清楚这段历史学和政治紧密结合的历史，对于以后的学术发展会有怎样的意义？

何兆武：我想意义就是，以后不需要这么紧密的结合了，这一代领导人似乎也没兴趣了，历史学应该有其自身独立的评价。

彭　刚：这个问题也许也可以这样来说：强大的政治压力来了，你要自保，就要有违心的言行，这可以理解。但是你不必积极地、主动地、创造性地去迎合甚至添油加醋，这样就很不好。

何兆武：一九五九年我们下乡去写地方史，我们到河北卢龙县，在山海关西北，那个老县城还保留着，有东、西、南、北四个门。那时距离日本占领结束十几年了，很多中年以上的人都还有印象，说日本人来了以后，四个城门都有守卫的兵，凡是进出城门的人都要向日本人鞠躬敬礼才能过去。做了亡国奴，还要向日本人鞠躬，岂不是很没有气节，但要是不鞠躬的话，就会是一刺刀。宁死不屈当然也很了不起。这中间的难题还是需要从伦理学上给出解释。如果说晚上走路，有个人拿着武器要你交出钱包，这时候你奋力反抗当然足够英勇，但是你如果放下钱包，恐怕也不失为明智之举。

彭　刚：有一次看到英国历史学家杰弗里·埃尔顿说的一句话，觉得很亲切。他说我们研究过去这么有趣，居然还有那么多实业人士愿意出钱养活我们，让我们能够专心从事自己的嗜好。这使我想起您经常说的一句话：有的工作很单调，就是不断地重复，而我们做学术工作，本身就很有意思，居然写了文章还有稿费。

何兆武：康德说到伦理问题时，引用了卢梭的话说"要制定一套完美的立法，简直需要有一群天使般的人民"，但康德驳斥卢梭的这个说法，说"我们其实不需要有天使般的人民，即使是一群魔鬼也可以，只要他们有此智慧"，就是说哪怕是一群魔鬼，只要他们知道制定一套完美的立法对他们自己有好处，那么他们也会这样做的。这个就比卢梭深刻得多。我们承认每个人都是绝顶的自私，只要知道了这一点，我们仍然可能制定一套完美的立法，对大家都有好处。大家一起认识到制定一套完美的立法，对大家都有好处。

联大记忆：一笑人间已沧桑

彭　刚：今年是西南联大成立七十周年，您在西南联大的经历，也是我们感兴趣的。那时学校里还有些外国教授，例如燕卜荪，您听过他的课吗？

何兆武：燕卜荪是英国著名的批评家，他的名字我听说过，但没上过他的课，我爱人是外文系的，上过他的课。有人提到过他，但国内还没有人写他的纪念文章。还有一位美籍教授，后来一百零一岁在北大去世的，就是温德（R. Winter），他对于中国的事情非常了解，我知道他有详细的日记，不知留下来没有。上他课的时候，听他评论中国的事情，感到他对中国的事情非常了解。还有一位北大教地质学的葛立普（A. W. Grabau）教授。一九三五年，当时的行政院长汪精卫遇刺，下台到法国去疗养，由军事委员会委员长蒋介石接任，蒋当时讲民族复兴，他要做民族复兴的领袖，想搞一番新气象，其中一个新气象就是给行政院搜罗了一批当时的社会精英，他邀胡适去做官，胡适不去，其他有几个人如蒋廷黻和翁文灏都去了。翁文灏本来是地质调查所的所长，调查所在北京西城丰盛胡同，离我家不远。当时我上初中，已经能自己看报了，报上有位记者就这件事情采访葛立普，说翁先生到南京去做官了，您对此有何看法？葛立普很坦白地说："我不赞成翁先生去做官，中国能做官的人太多了，但是能做地质调查所所长的人只有 Doctor Wong 一个人。"可见洋人对当时中国的情况还是很了解的。

彭　刚：这是不是出于中国传统的"学而优则仕"的观念呢？

何兆武：也许跟这有关，从孔老夫子开始就有这个传统，直到现在也还有。比如说我们退休了，按局级待遇还是按处级待遇，就是一个例子。有一次我听冯天瑜先生说，和尚开会也要分级别，有局级和尚、处级和尚等。

彭　刚：您以前写过回忆西南联大中文系的文章？

何兆武：有一些。比如中文系的吕荧，他是一个很有个性的才子，但由于比我们高一个年级，感觉有些高不可攀，所以没有接触。后来解放后批判胡风的大会上，他竟敢一个人单枪匹马上台去为胡风辩护。

彭　刚：每一代人都有自己面临的历史情境，而且时局变化会影响到个人的选择，使得一些人不能按照自己原来设计的人生道路走下去，抗战时候的形势对您有影响吗？

何兆武：抗战时是全国一致抗日，包括蒋介石在内。其实在一九三七年前的几年他也在准备，不然以后就没办法打了。我是从中学直接上大学的，没有参加抗战，所以也没什么明显影响，但是年龄稍大的好多同学都参军了。有一年回昆明西南联大校址参观，那里有一块西南联大从军纪念碑，上面有好多同学的名字，我还能想起来他们的事迹。前几天看凤凰卫视讲抗战时候的驼峰航线，当时中国被日本包围，对外交通都断绝了，物资运输就靠飞喜马拉雅山那条路线，其中有个飞行员叫周炳，是我大学的同学。那条航线很危险，飞机损失了好几百架。我听说过这样一个故事，有一次飞越驼峰的时候，突然发现前面有日本飞机，运输机没有武装，机长就通告大家按第一个信号准备好降落伞，按第二个时就跳。有一个同学一穿上降落伞就晕过去了，太紧张了，幸亏没按第二个信号，要不然跳下去便是喜马拉雅山。

彭　刚：您在《上学记》里提到西南联大上课时的一种特殊现象，就是有些课似乎并不完整全面，比如说中国历史，只上到宋代就可以不讲了。

何兆武：我觉得这样有一个好处，就是给了教师以最大的自由度，随便怎么讲、怎么发挥都可以。我想一方面可以有教科书，但是教师讲课不能只按着教科书照本宣科，否则就成了播音员了。教师可以随着自己的兴趣和思路安排不同的自由形式。

彭　刚：您当时在西南联大历史系听过很多名师的课吧，比如陈寅恪先生的课？

何兆武：陈寅恪先生的课，我当时是去旁听，因为是高年级的专业课，而且他上课时都是直接引用古书里面的哪一节哪一段，我都不熟悉。去听课就是觉得他名气大，但如果要按一九四九年以后的要求，他讲课是不及格的，他上课都是自由发挥，跟他写的文章一样，大概即使作为今天的论文也不太合格。

彭　刚：您还在很多系旁听，比如政治学系张奚若先生的课、中文系闻一多先生的课。

何兆武：当时听政治系的课，主要是学术兴趣，感觉他讲的东西很有意思，也发挥自己的一些观点，还评论现实，听起来很有意思。那时候是自由听课，有名人的课至少都去听几讲，听听怎么样。闻一多先生是诗人，讲起课来十分投入，很有激情。闻先生上课的时候也是什么都念，并不光是他自己的作品，讲到哪里就念到哪里，不但讲新诗也讲旧诗，讲《诗经》、《楚辞》，也讲唐诗。

彭　刚：您说过当时成绩好的同学多数学理工科，文科院系除了经济有四五十人而外，其他专业人都很少。

何兆武：这一点大概跟经济动机有关系，工作、就业，学工科的就好一些，学文科的就很不确定。文科里面学经济的好一些，也是跟出路有关系。

当时每个人的具体情况不同，有的人可能考虑得比较实际，有些人可能很不实际，像我当时就没有想过自己毕业后要到哪里去，打算做什么工作。应该说，美好的生活是自足的，不需要想着要向外界索取太多。

彭　刚：除了上课，还有什么活动？

何兆武：就是上茶馆，有时还去看电影。当时大都是一些好莱坞的片子，在放正式电影之前会有一些战争时事的片断，像当时轰炸东京的摄像。但看电影是到电影院去。

彭　刚：读不读杂志和流行小说？

何兆武：有的，抗日战争以前，我有个中学同学家里有很多这种杂志，除了流行的《生活周刊》和《国闻周报》、《独立评论》之类的正经刊物之外，还有流行的小市民的杂志，包括周瘦鹃，还有张恨水的作品，后来被批评为"鸳鸯蝴蝶派"的。流行的还有《论语》、《宇宙风》，抗战时期胡风编的《七月》。鲁迅的、茅盾的、曹禺的、巴金的作品也很流行。胡风当时也是青年领袖人物之一，他们都希望能通过这些活动领导一批青年。

彭　刚：对于学校外面的情况，当时了解得多吗？

何兆武：了解得还算不少，但当时也有一个缺陷，就是日本占领区都是中国比较富庶的地方。那时候对于沦陷区的情况，我们知道得太少了，比如说东北伪满出过些什么书，我一本都没看过，到现在也没看过。按理东北沦陷了十四年，应该是出了一些书的。像上海的书我也没看过，张爱玲的名字我只是最近才知道。解放区的情况，零零碎碎知道一些，因为学生中有一些地下党。

彭　刚：西南联大时期的国内形势可以说是兵荒马乱，但您和您的同学觉得很有希望，不但个人有希望，国家也有希望，这种心态现在的人好像很难体会。

何兆武：人是靠着希望活下去的，那时候我们的希望很单纯，尽管很朦胧，但就是觉得战争一定会胜利的，胜利后一定会是一个美好的世界，各人有一个美好的生活。我们在昆明的时候，有一阵日本飞机天天来轰炸，我们也没有觉得有很大的精神负担。

彭　刚：您觉得当时的这种心境是自然形成的，还是经历过了特殊的领悟过程？后来您研究康德伦理哲学，有没有从中发现对这种生活态度的理论论证？

何兆武：并没有怎么特别想过，就觉得自己的生活是自然而然如此的，没有什么特别的理论论证。十七八世纪的法国，好像很多人都愿意写《幸福论》一类的书，我当时就想自己也要写一本这样的书，现在老了，回想起来觉得很可笑。

彭　刚：您和杨振宁先生认识，就是在西南联大一起听英国文学课的时候？

何兆武：是的，现在我这里的《杨振宁文集》和他的传记都是他本人送给我的，前几天他给我打电话，说他看了我的《上学记》，要请我吃饭，我就去了。许渊冲和他熟，来往得多，我和他没有接触，他是名人了，过多去干扰似乎不太相宜。我和王浩因为中学起就是同学，大学和研究生时关系亲密，所以经常会见。杨振宁做学生时就名气很大，所以我认识他，但他不认识我。

彭　刚：您和后来一些文艺界的人如汪曾祺也有交往，这和西南联大的氛围有关吧？

何兆武：我有个同学很喜欢汪曾祺的作品，跟我推荐过很多次。我和汪曾祺认识是很早的事，我们一年级的时候住在同一个宿舍里，一九四九年以后，上世纪九十年代还见过一次。我曾问他样板戏是不是他写的，他说不是，但最后审定的时候是他审定的，他的东西我也没有看过，但知道他的名气很大。当时学校人很少，文科就那么几十个人，学校就那么点地方，很多人都是经常见到的。当时在宿舍里同学之间什么都谈，也谈政治。

彭　刚：感觉您和您的同学那时心态都很平和，并没有因为战乱而变得激烈。

何兆武：是的，当时的同学多数心态比较平和，起码在我的印象里是这样。

史学理论：一元与多元

彭　刚：您多年来研究工作的重点，有很大一块是在西方学术经典的翻译介绍上，比如说卢梭和康德，后来您又研究史学理论，也翻译了柯林武德等人的史学理论著作。尽管您没有直接翻译评说过后现代的作品，但是我们想知道，对于时下流行的后现代史学比如海登·怀特的理论，您有何评价？

何兆武："文革"期间我们有一句话叫"关键在领导"，工宣队经常给我们讲这句话，也就是说领导注重什么，那一方面就会有比较明显的发展。比如说一定要根据你的论文字数来评职称，字数不够就评不上。老子《道德经》才五千言，要评职称的话肯定评不上，这一点是不能完全看字数的。爱因斯坦晚年搞统一场论，搞了很长时间没搞出来，但那也没有什么，无损于他的大科学家的地位和声望。不能总是那么功利，认为没有达到什么什么样的指标，就不行。

彭　刚：我们可以从这样一个角度来看：荷兰史学理论家安克斯密特，是当前后现代史学理论的代表人物，他有一个说法，就是后现代的很多观点，即使完全从现代主义的理论出发也可以推演出来。这一点我比较赞同。我记得何先生您有一些文章，似乎完全就从常识出发，得到的结论，却和那些最新潮的理论相近相通。比如在《对历史学的若干反思》中，您说到历史研究的最终成果是文字表述，研究结果最终是要通过写作来表达出来的，这样历史学就牵涉到了一个艺术表达的层面，不可能是原原本本的再现。这一论点，就与海登·怀特的说法很接近了。

何兆武：我想我们对任何东西的认识，总是有我们自己的东西掺杂在里面，不能过分地强调某一种理论的客观性，即使自然科学也是这样，一个自然科学家可以提出自己的一套理论来解释事情，但也不能说永远都是这样，将来总还有变化和进步，还会挑出很多的毛病，甚至把这套理论推翻，都是完全可能的。有一种常见的说法我不太赞成，就是说"绝对真理是达不到的，但我们可以不断接近绝对真理"，我不同意这个看法，因为它的前提是我们必须知道有个绝对真理，比如我们知道有个北极，一直向北走就可以不断接近它，到某一点就是北极了，这一下不能走了，因为再走就是向南了。可是我们并不知道绝对真理是在哪里，你要是不知道绝对真理在哪里，又怎么能知道自己是在不断地接近它呢？科学也有革命，进行一次科学革命，就把以前的理论体系全都推翻了。前天在报上还看到，原来我们以为按照爱因斯坦的理论，光速是不可超越的，但最近又有人认为光速也是可以超越的，那就又把爱因斯坦的相对论推翻了，我想这也不是不可能的事。过去无论中国还是西方，都认为太阳是绕着地球转的，但到了后来也都推翻了。事实是客观存在的，但是人们的认识却是随主观而转移的，怀特和安克斯密特的看法，也大抵不外如此。

彭　刚：那么还可不可以说历史学的任务是要"还历史以本来面目"呢？

何兆武：我们看一本小说，各人可以有不同的理解。那么看一本历史书，我们也可以有不同的理解。过去有些人，根据一些历史材料编了一本小说，你根据同样材料也可以另外编一本小说。不能那么绝对化，可以有不同的理解，而且必然有不同的理解，不可能大家的看法都一样。看一本小说，看一件艺术品，都会有不同的感受。同样是看《红楼梦》，有些人喜欢林黛玉，有人就是不喜欢林黛玉，而喜欢薛宝钗。我们对于当前的社会可以有而且必然有不同的理解，那么对于过去的历史也可以有而且必然有不同的理解。我想这是必然的，不可能大家完全都一样。

彭　刚: 不同的理解之间是不是存在一个基本的公约数？就是说不同的历史理解中间，可能有高下之分、优劣之别？

何兆武: 应该有几个确定的点，就像画一条曲线，有几个基本的点是不能动的，曲线必须经过这几个点，可是在这几个点之外，你是有自由发挥的空间的。法官定案都不是那么绝对的，也有不同的意见。有人认为情有可原，有人认为十恶不赦。不会有绝对一致的意见。

彭　刚: 以前有位先生说到古代中国法官判案，如果想判重了，就说"虽然情有可原，毕竟罪责难逃"；要是想判轻了，就说"虽然罪责难逃，毕竟情有可原"。

何兆武: 我是赞成多样化的，用通俗的话来说就是百花齐放、百家争鸣，这个总比一花独放、一家独鸣要好，而且文化的进步也是要靠多样化。

李学勤

"这辈子想做而没有做到的事"

李学勤

　　1933 年生于北京。1951 年就读于清华大学哲学系，1952 年到中国科学院考古所参加《殷墟文字缀合》的编纂工作，1954 年转入社科院历史所，1991—1998 年任历史所所长，其间出任夏商周断代工程专家组组长，2003 年起任清华大学历史系教授，现在领导清华简的整理和出版。主要著作有《殷代地理简论》、《古文字学初阶》、《走出疑古时代》、《中国青铜器概说》、《重写学术史》、《三代文明研究》等，其中《东周与秦代文明》的英文本由哈佛大学教授张光直翻译、耶鲁大学出版社出版，主编有《清华大学藏战国竹简》等。

有没有可能把中国古代跟外国
古代做一个比较性的研究

戴　燕：今天一个是想请您谈谈二十世纪八九十年代以来，您对中国早期文明或说文化的重新构建的想法，还有一个就是您一直关心的"国际汉学"问题，我们知道您是很早着手国际汉学研究的。

李学勤：好，从哪谈起？

戴　燕：那就从您对中国早期的夏、商、周文明的研究开始吧。

李学勤：是。我接触这个问题，开始是从一个特别的角度切入。前些年我曾在全国政协提了一个提案，建议成立口述历史的研究中心，口述历史（oral history）的兴起，特别在美国是最近几十年的事情。我提的建议和一般说的"口述历史"不一样，我的意思，是去找各方面上了年纪的学者谈，不是让他回忆他的成果，而是谈他这辈子想做而没有做到的事。这个建议真受到重视了，不但政协重视，还转到几个部，包括科学院和社科院。为什么我要提这个建议呢？因为我觉得自己年纪大了，有些事情肯定是做不了了，这是我内心的想法。

在上世纪五六十年代的时候，我学俄文，读了不少苏联出版的书。我是学古代的，苏联考古学方面的书不多，而他们的古代东方史、古典世界史方面的书很多，而且有些很有水平。他们有些很有名的学者，像斯图鲁威、阿普基耶夫、久明涅夫等，我非常喜欢看这些书。它们给我一个印象：世界的古代文明，就是人类进入文明的时期，是非常丰富多彩的。但我也发现，当时苏联学者研究古代历史，一般不是通过第一手的材料，因为他们很少有机会接触第一手资料，不能到埃及、到伊拉克等地去发掘，在当时，这是不可能的，所以多是用西方的一些材料加入他们的观点。至于中国上古的材料，他们接触得更少。所以我就想，那么，有没有可能把中国古代直接和外国古代做一个比较性的研究？

可是，你知道做这个工作是非常难的，首先要对中国古代有充分的了解，其次对外国古代文明，至少外国的一两种古代文明，也得有同样深厚的基础。这个难度太大了，因为要学若干种外国语言。你们知道林志纯先生过世了吗？我前天晚上刚得到消息，他享年九十七岁，在老家福州去世。世界古代文明的研究，在国内是他提倡的。我们希望有一个人，能够做到两个方面，或者三个方面，最理想的是能研究古希腊罗马，再研究古代埃及，再研究古代中国，而这三个方面都做到的话，有一个前提，就是至少要会两到三门现代语言，再会这三个文明的语言。那时候我真想向这方面去做，这是我的一个梦想。如果没有"文化大革命"，也许我至少能够做到一部分，并不是完全做不到。

戴　燕：那时您是在哪里呢？

李学勤：一九五二年到一九五三年，我在中国科学院考古研究所。当时考古所在米市大街三十八号，大约相当于现在三联书店的地方，新华印刷厂北面，后来不见了，很好的四合院。随后搬到王府井大街。后来历史研究所成立，它是一九五三年筹备的，现在说是一九五四年成立，因为正式挂牌是一九五四年。一九五三年的时候决定要成立历史所第一所、第二所，筹备之初在干面胡同，就是我后来住过的地方，顾颉刚等先生也住在这个地方。正式工作后，迁到了东四头条一号——九爷府西边，它现在还是属于中科院的，现在是宿舍。那地方我们待了好几年，天天坐班，一直到一九五九年才搬到建内大街。

戴　燕：坐班，是不是也有一个好处，使人每天都处在一个工作的环境里？

李学勤：对，而且因为在研究室，当时叫研究组，一个人一个桌子，一个书架，没事儿就在那儿坐着，任务做完了就可以在那儿看书了，当时读书的环境还是蛮好的。

戴　燕：那李先生从清华出来后，怎么去了考古所的？

李学勤：是这样，最初我进清华哲学系，是想学现代逻辑之类的，想学这个但没学成，那时我自个儿学甲骨文，对殷墟发掘的甲骨做了一些缀合，当时做这个工作的人很少。

戴　燕：您一下从哲学转到甲骨文，这个变化太神奇了。

李学勤：这也是大家经常问我的一个问题，昨天我给清华文科班学生上课，他们也问到了。其实这是出于我自己的特殊兴趣，从小就特别喜欢看不懂的符号。我经常举一个例子，有一回我在旧书摊上买到一本书，是英国人印的，一看就特别可爱，样子像一个皮夹，用非常好的羊皮把整本书都包起来了，有一个摁扣，打开一看，三面开金，非常漂亮，可是一看就看不懂了，完全都是符号。实际上还是英文，是一本小说，只是把二十六个字母用键盘上的符号代换了，比如♯号、＊号代替了字母。它是一个英国俱乐部印的，目的是练脑子，我就爱得不得了，常搁在书包里头，放了一年多。像我就特别喜欢这个。所以为什么我后来想学现代逻辑，就是因为看不懂，很好玩。小孩儿嘛，那个时候我十五六岁呀。学甲骨文也是这样，甲骨文难学，我就自己专门学甲骨文。

戴　燕：所以对李先生来讲，逻辑和甲骨文是有共同点的，兴趣是您做学问的动力。

李学勤：就是小孩子的思路嘛。刚才说到整理甲骨，大家知道殷墟从一九二八年到一九三七年经过十五次发掘，只有第十、十一、十二次这三次没有出土甲骨，其余都有。抗战爆发，就内迁了。这些甲骨文真正印出来，已经到了一九四八年了。《殷墟文字甲编》流传得还多一点，等到《殷墟文字乙编》上、中两辑印出来，史语所迁台了，下辑还没有出版，留在了上海，一九五〇年就在中科院内部发行，作价五十万旧人民币。

戴　燕：五十万在那个时候大概是个什么概念？

李学勤：那时候五十万也是相当大一笔数目，相当于现在两三千块钱。当时我也买不起，得家里支持，才托人买了这部书。那时关于甲骨文分期的讨论正在展开，在这本书中，我专门找有关讨论的东西，做了一些缀合工作。当时，上海博物馆郭若愚先生也在拼合，编成专书，他把书稿送交给郭沫若先生，当时郭沫若先生是科学院院长。郭沫若先生是甲骨文大家，可是当时太忙，就把它交给了考古所。当时考古所搞甲骨文研究的就是陈梦家先生，陈先生原来和闻一多先生一样，是清华中文系的，我旁听过一次他的课。他知道我在搞甲骨文，因为那时候全国搞甲骨文的很少，谁做这个事都知道。当时考古所所长郑振铎拿到郭若愚的书稿后给陈梦家先生看，陈先生看了后说，这个工作还值得继续做，把这个书再补充一下，还有两个专门做缀合整理的人，一个老的，一个小的。老的呢，是当时北京图书馆金石部的负责人曾毅公先生，他在齐鲁大学国学所做过外国甲骨文学者明义士（James Menzes）的助手，是专门拼缀甲骨文的，出有专书。还有个小的，就是我。郑振铎先生说：好，把他们找来。

戴　燕：李先生当时好年轻啊，二十岁出头？

李学勤：当时我十九岁，那时候正在进行院系调整，考古所问我想不想去，于是我就到了考古所，参加这个工作。这个工作进行了差不多两年的时间，对书稿进行修改，再补充一部分，就这样《殷墟文字缀合》在一九五五年出版了。书前面有郑振铎先生的序，实际上这个序是陈梦家先生起草的。

戴　燕：像闻一多先生、陈梦家先生他们这些清华中文系的人研究甲骨文，这个传统和王国维先生有没有关系？还是受了那个时代风气的影响？

李学勤：肯定有些关系，王国维先生是一位大家，倡导了这方面的研究，闻先生他们也闻风而起。不过闻一多先生研究甲骨文，我的体会是，和王先生是很不一样的，他是从文化人类学的角度着手，神话呀，传说呀，陈梦家先生早期的路径也很相似。

我总觉得我们中国的古代文明
很多地方被贬低了

戴　燕：早先甲骨文这个领域，不像现在这个专业这么成熟。

李学勤：对，甲骨刚发现时，没有考古发掘。有了考古发掘，就会看出要研究的问题其实非常非常复杂。今天学习和研究甲骨文需要专门的基础和训练，是很难学好的。我的好处是一开始就从考古学进去的，开始就看安阳发掘报告。

戴　燕：您怎样去的历史研究所？

李学勤：我在考古所工作两年，那时有个机会认识了侯外庐先生。这个机会是这样的：当时我家里经济比较困难，我偶然认识一位先生，当时在外交部工作，他介绍我教一位华侨古文，念《尚书》、《诗经》，一直念到韩愈。这位先生认识侯外庐先生，他跟侯先生说有个小孩儿教人念古文，侯先生就把我找去了。他对我说："我们现在要建立历史研究所，你愿不愿意到我这儿来？"我说："我得和考古所商量。"于是我去找考古所，考古所说你先到历史所去，以后再把你要回来。

一九五三年冬天，我到筹建中的历史所报到，接待我的是办公室的吴宜俊同志，一位新四军老干部，他说你回家等着吧。我当时已经结束了考古所的工作，休息一段到开春，接到通知就去上班了，可是上班的具体时间我不记得了。

戴　燕：后来您在历史所一待几十年。

李学勤：对，我在历史所一直工作到二〇〇三年七月份，八月份我转回母校清华大学。

戴　燕：李先生在历史所一直都做上古研究？

李学勤：并没有。因为当时成立的有历史所第一所、第二所，在那时候已经有近代史所了，近代史所是范文澜先生负责，他是从延安来的。一九五〇年中国科学院建立，文科方面就有近代史研究所、语言研究所、考古研究所。后来感到不能只研究近代史，还应该研究古代史，应该成立上古的和中古的所。这个大家有争议，究竟从什么时候分呢？于是分为历史所一所、二所、三所，近代史所是三所。一所是上古，由郭沫若先生兼任所长，实际工作是尹达先生负责，虽然尹达先生是考古学家，但是他在延安参加过《中国通史简编》的编纂。二所本来想请陈寅恪先生，陈寅恪先生不来，他推荐了陈垣先生，但陈垣先生极少来，实际上二所是由侯外庐先生主持，当时侯外庐是西北大学校长，就把他调来做副所长。我觉得我应该到一所，可是侯先生在二所，当然一所、二所实际上没有分，后来就并在一起叫历史研究所了。但是还是有点差别，比如买的书，上面盖的章还分一所、二所的，本来是准备分的，最后没有分。我跟着侯外庐先生，他干什么，我干什么。侯先生主编《中国思想通史》，一九四九年前出版了前三卷和第五卷，一九四九年后他想继续做，那就是唐宋至明，准备出第四卷，我就跟着参加这些工作。

戴　燕：这也是李先生和一般学者不同的地方，讲专业的话，很专，可是面又特别宽。

李学勤：我这是杂学，我常说自己的经历不足为训，因为不会再有别人有这样的经历。我一直在侯外庐先生身边，直到"文革"期间，侯先生不幸患病。我一九七五年至一九七八年借调到国家文物局工作，整理新出土的竹简帛书，一九七八年回所，那时成立了一个古文字文献研究室，由张政烺先生和我负责，后来又调整了。组织上希望我做先秦史研究室主任，先秦史室第一任主任是胡厚宣，这事我去问侯先生，侯先生同意了，这时我才专门做先秦史。

戴　燕：所以后来好多年，您的工作就和上古时期分不开了。

李学勤：当然我在国家文物局就做这方面的工作了，马王堆汉墓帛书、云梦秦简等，都是考古学的工作，回到我的本行。

戴　燕：上古时代的文明，这个领域是够专的了，但是很多行外的人也都关心，都知道一点儿，这大概和李先生做的许多工作是分不开的。

李学勤：现在回到开头的主题上。可能我比当时一般学中国古代的人读外国著作多一点点，我总觉得我们中国的古代文明很多地方被贬低了，与外国类似的文明相比，有些人给的评价不公平。比如说，许多书说中国的文明从商代开始，现在还有人这么说，甚至讲到公元前一千三百年的商代后期，可是外国同样程度的文明，起源时间就会被拉得很早。不仅如此，有的学者还把中国的商代说得很原始，可是无论从古文字学上还是考古学上都不能这么看。今天已经没人这么看了，可在过去很普遍。

"文革"后，教育部很重视先秦史，曾经委托徐中舒先生在四川大学办一个先秦史的进修班。大家都知道徐中舒先生是王国维的弟子吧，是清华国学院第一届毕业的学生。当时把好多学校先秦史的老师聚集起来听徐先生讲课，这是很必要的，因为没有人教了，学问要绝了。以这个进修班为基础，后来召开了两次先秦史学术讨论会，第一次在河南大学，第二次是一九八〇年在西北大学，那时我做了个演讲，重新评价中国古代文明，我就讲这方面内容。

这个想法我是一直有的，经过"文革"这段时间，实际上我的研究观点有不少改变。所以最近出版社要把我早年写的论著印出来，我原来一直不同意，因为后来我的看法改了。你们可以看，这也算点历史资料吧。那时的文章反映的很多观点，基本上是受《古史辨》影响的。有一次我说我很小时就读过《古史辨》，我买了本《古史辨》第三册上册讲《周易》的，看了以后特别喜欢，就把其他各册也慢慢凑起来读了。

戴　燕：是不是接触到考古的东西就会改变？

李学勤：特别是我参加整理新发现的简帛材料，就觉得不对了，过去说的伪书，实际上不少是真书。

戴　燕：这就是说，即使单从学问的角度说，一旦接触到考古，想法就变了。

李学勤：我的一些文章其实都是演讲，后来的《走出疑古时代》也是一样，当时开一个小会，那时就六七个人，说话就随便了，可是后来整理出来，还加了个题目叫《走出疑古时代》，再后来就变成一本书的题目了，而我并没有写过系统的东西。冯友兰先生讲过三段论法，信古、疑古、释古，请参看清华中文系徐葆耕先生的《释古与清华学派》。"释古"就是按王国维先生的传统，王国维先生提出"二重证据法"，就是地下、地上，也就是狭义的历史学和考古学，互相印证，古文字学也是考古学的一部分。

我对国际汉学一直很关心，
并不只关注中西交通

戴　燕：就像刚才您讲到，您的立场选择，是和不断地与国际对话有关系的。我们这一代人，印象里最早和国外汉学有真正对话的，特别是有批评性对话的就是李先生了。

李学勤：不，以前就有的。国际汉学这题目，我确实是在很小的时候就注意了，因为我看外国人著作，有一个人的著作我很佩服，他是日本的石田干之助，他很重要的一本著作就是《欧美的中国研究》。在我们中国，介绍国外汉学那当然比较早了，尤其是在教会学校，像辅仁大学、齐鲁大学、燕京大学，但不是作为一个学科。中国最早的专著是莫东寅的《汉学发达史》，他日文很好，引用了很多著作，主要是石田干之助的，加上张星烺的《中西交通史料汇编》，合起来编成了《汉学发达史》，最近再版了。我很早就有这本书了，我的那本是一九四九年一月在北京出版的原本，我一直保存着。后来我又读青木富太郎、后藤文雄这些人的书，通过他们了解了汉学的一些知识。

上世纪七十年代末我第一次到美国，是美国汉学家邀请的，这个组织叫 ICA，翻译成国际交流总署吧。ICA 请我去，他们问我有什么要求，我就靠这本书，要求去美国的各个大学看他们的古代文明研究。而且我找到了一本日本学者对各国汉学的调查报告，这个报告是日本人到欧美了解汉学的发展情况，有哪些系，哪些人开哪些课、藏书情况等。我就靠了这个，要求去访问一些美国大学，看一些著名学者。所以我对国际汉学是一直很关心的，我并不是只关注历史上中西交通的研究。我觉得研究国际汉学，重点应该放在当代，这点和葛兆光先生的看法很一致，不只是去研究沙勿略、利玛窦，那个当然可以研究，可主要的不是这个。当然，这不是我的本行，我多年以来就是这样，不是本行的事情，却也费了很多心思。

戴　燕：但其实是很有意义的，现在我们都知道了，我们应该也关心别人在做的汉学研究。

李学勤：国际汉学研究现在成为一个学科了，十二月初在郑州还要开一个叫"国际汉学研究回顾与展望（1977—2007）"的研讨会，今年教育部有一个重点科研课题，题目就是"二十世纪中国文化经典在国外的传播"。

国学本身热不热，和我们
自己的国势有关

戴　燕：说到这儿，不知您对现在包括办孔子学院在内的这股"国学热"有什么看法？还有，当古代经典进入大众媒体、进入娱乐世界，会变成什么样呢？

李学勤：我一直认为现在的"国学热"不是一个暂时的现象，而是一种历史的必然。当然"国学"这个词是相对"西学"而来的，没有"西学"就没有"国学"，在"西学"没有出现的时候，我们从来也不说什么"国学"，因为那时候我们认为自己是主体，只有出现可以和我们文化相当的文化时才会分出彼此，所以有"西学"，才有"国学"。国学本身热不热，和我们自己的国势有关。现在中国好一点了，外国人就会注视中国，希望了解了解中国的历史和文化是怎么回事。我在外国也跑过一段时间，多数外国人真不了解中国，当然汉学家、中国通例外，他们对中国的历史文化不太清楚，他们总搞不明白，就跟中国人不了解外国一样，中国人只懂麦当劳，这是不行的。可是外国人，一般社会上的人，包括商人和旅游的，对中国的了解从哪里来呀？他们从汉学家那儿来，从他们汉学家写的书那里来，所以我们要研究外国汉学家到底怎么说的。况且，从学术研究来说，汉学家是我们的同行。

戴　燕：那么，您怎么看待现在社会上的那种国学热？

李学勤：就外国人来说，他们现在会比较重视中国。以前我在美国东部教书的时候，每天看报纸，上面都没有什么中国的消息，有时国际版上也就那么一小块，说中国两句话，也是无关紧要的。可是在目前，就要关注你了，你看什么东西都是 Made in China，他们怎么能不关注你呢？很多人想了解中国文化，中国人是怎么样的人，中国到底是怎么回事，历史、文化有什么特点，为什么今天会是这样的，将来在世界上会造成什么影响等，所以外国人要注意中国文化，中国人也应该注意自己的文化。前两天《读书》上有篇文章说，中国人对待西方文化就像到香港追星的杨丽娟，对西方还不知怎么回事，就跟着跑。当时中国人确实是跟着西方跑的，甚至章太炎、刘师培这些国学大师，都承认中国文化从西方来，因为当时缺少文化上的自信。现在社会上的"国学热"不是培养起来的，而是因为现在中国人有了点自信，是社会大众的需要，不是我们这些教书的人能左右的。不管它用什么形式，比如小孩背诵难懂的经书，我就不认为有什么好处，可是认识、了解自己的文化传统这点是必要的。

戴　燕：有人要念书，有人要穿长袍马褂，都没办法。

李学勤：实际上要说服一个人是很难的，至于国学将来变成什么样，这就不清楚了。作为学者，我觉得应该引导这个潮流，因势利导，也许还能提点什么意见。

我的观点是，教授不上课不像话

戴　燕：李先生真的非常博学，天文地理，什么都知道，只是有一点，从来谈话都不脱离学术。好像没听到过李先生讲什么闲话，唯一的，就是听说您特别喜欢看动画片。

李学勤：对，喜欢看，比如喜欢看《机器猫》，里面有种小孩的机智，就是 wit。好莱坞的动画片像《狮子王》之类的拟人性太强了，不太有意思，我小时候就不爱看这种。我小时候看过一个迪士尼的拟人动画片《彩虹曲》（*Make Fine Music*），说的是有一条鲸会唱歌，最后它悲伤地死去，给小孩提高提高可以，不适合大人。

戴　燕：李先生现在在清华需要上课吗？

李学勤：我有一门课的，是我自己要求开的，教授不上课不像话。我这学期讲甲骨文，以前讲了一年青铜器，讲了一年金文，这学期是甲骨文。

戴　燕：您以前也在清华求学，您觉得清华在五十年前跟现在有什么不同?

李学勤: 那当然变化大了。可也有不变的,清华的人有一种风格是没有变的。大家总拿清华和北大作比较,我觉得没有什么可比较的,风格不同不是更好吗?清华和北大从来不大一样,而且差很多。北大怎么说呢,更开放,而清华比较有效率。我念书的时候是一九五一年,院系调整前的最后一年,所以后来我跟清华中文系新招的第一届学生说,你们是新清华文科的第一班,我是老清华文科最后一班。

戴　燕: 您觉得清华现在这些学生素质怎么样?

李学勤: 学生素质相当不错,超出我的预想。包括我讲甲骨文,当然很多是外面来听的,可是大家素质不错,提的问题很多。这周我们开讨论会,觉得不错。昨天对本科生讲演,他们提的问题也很好。和老时期的学生特点不一样,各有长短,总体说来,清华学生的学术水平是不错的。

章培恒

述学兼忆师友

章培恒

1934 年生于浙江绍兴。1954 年毕业于复旦大学中文系，留校任教，历任中文系主任、古籍整理研究所所长，复旦大学杰出教授，2011 年去世。主要著作有《洪昇年谱》、《献疑集》、《灾枣集》、《不京不海集》等，主编有《中国禁书大观》、《中国文学史》、《玉台新咏新论》等。

对鲁迅的认识及入党

戴　燕：章先生，最近台湾联经出版了顾颉刚先生的日记，不知您看了没有？

章培恒：我没有看，但是《书城》上，还是什么地方有一篇关于他的日记的文章。看了以后，我才知道顾颉刚的日记是可以补充的，一九七几年补记他年轻时候的东西。

戴　燕：有一部分，是后来补贴上去的。

章培恒：据那个文章说啊，他补上去的东西说他年轻的时候，就是以王国维啊、章太炎啊作为他学习的对象，而且要达到这样的目标。我想，这个大概是后来他为了强调他的学术不是源于胡适而是自己造出来的。大概也就是在读到那篇讲他日记的文章差不多的时候，读到李学勤先生一篇文章，是讲清华的学术传统的，那里很明确地说，王国维的学术道路是跟顾颉刚他们的疑古不同的。他怎么会拿王国维作为他的学术榜样呢？至于章太炎，在学术上以小学（文字、音韵、训诂学）见长，顾颉刚在这方面却老闹笑话，甚至连读普通的文言文都有问题。有一回他读到清初韩菼写的一篇文章里说曹寅"会董织造驻吾吴"，他竟不知道这个"董"字是动词，就如获至宝似地于一九二一年四月十二日写信报告胡适，说这位"董织造"是曹寅的后任，四月十六日又写信给胡适，说"《江南通志》里没有董织造，说不定是杭州织造，当在《浙志》一查"。直到四月十九日，在叶燮的集子里看到了"董治上方会服之事"的话，才于次日写信给胡适更正说"董织造"的"董"，"莫非是个动词，不是姓"。连读普通文言文的水平都低到这样，居然还说什么以章太炎为楷模！

戴　燕：在二十世纪七十年代补写的日记里，顾颉刚先生还提到他跟鲁迅的问题，那时鲁迅地位已经很高了，这件事好像一直是他心里的一个结。

章培恒：他与鲁迅的事情啊，反正是明摆在那儿的。他说鲁迅的《中国小说史略》抄盐谷温书的事，我以前写过一篇文章发表在《收获》上，已经谈到过，这里不去说它。他要与鲁迅打官司的事，用心尤其深刻。他在一九二七年七月二十四日写信给鲁迅，说汉口《中央日报副刊》发表了该刊编者孙伏园的文章，引了鲁迅等人给孙伏园的信，"始悉先生等所以反对颉刚者，盖欲伸党国大义"，所以他要跟鲁迅打官司，要鲁迅"暂勿离粤，以俟开审"（当时鲁迅在广州）。这一招可真厉害。原来，当时的国民党政权处于分裂的状态，广东、江浙等是蒋介石领导的，武汉则是汪精卫领导的，双方敌对得很厉害，汉口《中央日报》则是汪精卫的机关报，他们所要伸的"党国大义"自然是反蒋的"党国大义"。按照他的信的口径去起诉鲁迅，这事就闹大了。尽管鲁迅给孙伏园的信中只说顾颉刚前些时还"反对民党"，没有说明是蒋介石的党还是汪精卫的党，但他既跟汪精卫《中央日报》的副刊编辑关系如此密切，又跟他一起"欲伸党国大义"，蒋介石手下的人自会认定鲁迅亲汪而反蒋，后果就严重了。幸而蒋介石在八月份就宣告下野，这两个政权合而为一，顾颉刚也就不起诉鲁迅了。

戴　燕：和鲁迅的矛盾，是不是也跟当时他所选择的学术路线有关系？他更接近胡适他们。

章培恒：据鲁迅给许广平的信说，顾颉刚当时说他只佩服两个人，一个是胡适，一个就是写《闲话》的陈源。不过，他对陈源也真够可以的。陈源相信了他说鲁迅抄盐谷温的话，并据此写文章骂鲁迅，其结果是自己倒了大霉。鲁迅晚年在《且介亭杂文二集·后记》中甚至说，盐谷温的书早就有了中译本，《中国小说史略》也有了日译本，"两国的读者，有目共见，有谁指出我的剽窃来呢"？所以，陈源倘"无法洗刷"，就只好插着"谎狗"的旗帜"一直带进坟墓里去了"。事情到了这样的地步，顾颉刚却竟然让陈源去做"谎狗"，不肯站出来承担责任。

戴　燕：章先生跟顾颉刚先生见过面没有？

章培恒：没有。我在进复旦以前，一直在私立大学，而且都是很差的私立大学里边混。后来到上海学院，那个学校成立了只有一年就因为院系调整撤销了，那是当时排名最末的许多私立大学并起来成立的一个大学。顾颉刚也是上海学院的教授，我是上海学院的学生，幸而我当时已读过鲁迅的《辞顾颉刚教授令候审》，没有去选过他的课，所以没有跟他见过面。

戴　燕：您是在上海长大的，从前读不读张爱玲的小说？

章培恒：小时候大概看过，那真是小时候。抗战的时候，我还在念小学。但是因为我从小就看那些杂七杂八的书，所以张爱玲和苏青的书，我都看过。我看钱锺书的《围城》也很早，大概是初中的时候吧。我看了《围城》，唯一的印象就是赵辛楣老是请人吃饭。我对这个很羡慕，我想什么时候我也能够老是请人吃饭！因为小时候主要看情节，张爱玲的小说里头连这类情节都没有，所以我一点印象都没有了。

戴　燕：他们算不算海派文化的代表？

章培恒：我想，当然他们也可以算是海派，但是其实鲁迅，恐怕也可以说是海派，因为他也在上海。穆时英什么的都算在里边的。

戴　燕：您看武侠小说，也是在那个时候？

章培恒：我看武侠小说比看张爱玲他们要早，早个一两年吧。

戴　燕：依您的看法，是鲁迅更能代表现代文学的主流，还是张爱玲他们这一批作家？

章培恒：我想，要说代表当然都可以说是代表。至于说哪个代表性大一点，那么照我的想法，恐怕是鲁迅的代表性当然要大一点。

戴　燕：前些年，不少人觉得过去的现代文学史太多讲与政治、意识形态相关的左翼文学了，现在又有点不同。其实研究现代文学，完全不联系政治意识形态的东西很难吧？

章培恒：我想是这样，如果讲意识形态的话，那么鲁迅其实是很复杂的，把他算在左翼里边，当然从某种意义上来说也可以算，但是恐怕不能简单化。如果说他是左翼的话，那么上世纪三十年代，其实也包括二十年代的世界知识分子左翼化都是同样的潮流，那个恐怕在很大程度上是受到苏联的宣传的影响。因为资本主义制度本来是有很多问题的，特别是那个时候，资本主义的经济危机显露得比较严重，这些知识分子，包括纪德、罗曼·罗兰在里边，他们本来就是感到资本主义社会里边人压迫人，人的个性不能得到充分发展，对这种现象本来就痛心疾首，所以看到苏联的报道以后呢，以为苏联那是真正找到了人类解放的道路，所以对苏联都很歌颂。但是纪德一到了苏联去实地考察以后就发现了问题，所以后来就被攻击为反苏的作家和反动的作家了。

鲁迅是没有具体经历过苏联的生活，但是他跟中国的许多左翼作家显然是有相当大的矛盾，所以在萧军想参加左联的时候，鲁迅曾经写信给胡风说，他认为萧军还是不参加左联好，参加了左联以后就加入到那个无聊的纠纷里边去了，就出不了成绩了。他认为在当时能够出点成绩的，其实是左联以外的人，所以他其实对于中国的所谓的左翼文艺，从无产阶级革命文学开始一直到后来的左联都并不满意。左联他开始是支持过的，但是后来他是对左联很反感的，所以像这种情况能不能够说他是左翼文学，我想这是一个问题。至于对苏联，严家炎先生写过一篇文章，他认为鲁迅的晚年对于苏联的情况其实有所警觉，所以苏联一再请他去，他一再表示不去。严家炎先生的文章里边引了一点胡愈之的材料（因为当时是通过胡愈之来请他到苏联去的），从中可见他对苏联的肃反已很有顾虑；最近吴中杰先生的《鲁迅传》又增加了一些相关的材料。所以他如果读了纪德的文章，或者到苏联去看过，到底会怎么样，实在是很难说的。所以毛主席说，如果鲁迅活到解放以后，也有可能在监牢里面。他一直说自己跟鲁迅的心是能够相通的，我想这倒确实是心相通的人所说的话。

戴　燕：知识分子在那个时候大多比较"左倾"，或者说那个年代的人觉得这就是代表着进步、美好的方向。章先生本人年轻时是不是也曾怀有这种理想，因此对革命有一种同情、好感，然后参与其中？

章培恒：我曾经被认为在学生运动里边比较积极，所以我是在上海解放前就入党的。当时只觉得要追求民主、自由、平等这样的一种社会制度，只有依靠共产党的努力。我当时所理解的共产主义，是在民主、平等、自由基础上的"各尽所能，各取所需"的社会，无产阶级专政什么的，连想都没有想到过。我入党的时候实足年龄只有十五岁，我的介绍人跟我是同龄的，他入党比我还要早两年。我当时初中念的一个学校，其实是地下党办的，所以在上初中的时候就接受了这种反对国民党专制的思想。但是那个学校从校长到老师，他们主要追求的也是民主、自由、平等，对无产阶级专政之类的，他们也搞不清楚，所以那个中学，校长一九四九年以后就成了右派。

戴　燕：那时学生党员在同学中占多少比例？

章培恒：真正入党的大概是数量很少的，但是要求民主、自由、平等，这个是相当多的。我这说的是原来上海租界里的学校。

教会学校与"五四"传统

章培恒：因为上海租界里的学校，除了教会学校以外，大概都是受"五四"文化的影响比较深的，所以我从小就没有念过那种传统的启蒙的东西，我所念的都是新的课本。我后来念"四书"，那是托日本人的福，日本军队进入租界以后，就命令这些小学校，叫小学生都得念"四书"。我是在那种情况下才念了《论语》、《孟子》这些东西的。

戴　燕：这很奇怪，一个殖民者，他会要求你们这些被殖民者读你所谓的"国粹"。

章培恒：他不是殖民，那是统治啊！在租界的时代，英国、法国等国家可以说是把上海当作殖民地，日本他们是直接统治上海。

戴　燕：日本占领东北以后，好像也曾要求东北人学习今天我们叫作"国学"的这套东西。

章培恒：我想应该是一样的，当然东北可能跟上海租界还不一样。但是从辛亥革命以后，在国民政府教育部的主持底下，学校已较清末有所变化。"五四"运动以后，教育部曾经通知所有的小学都废掉文言文的教育，文言文去掉了，那么"四书"、"五经"当然都无法读了。只是当时的统治不是很严密，所以像上海租界这样的地方，恐怕这种规定都是贯彻得比较严格的，但是文化比较后进一点的地区，也可能对教育部的这个规定没有认真贯彻，所以学生还照样念点旧的启蒙书。

戴　燕：那么现在回过头来讲国学，是不是跟"五四"传统有些不同？

章培恒：这种事情很难说，对这种现象可以有种种不同的看法。一九八九年以后，复旦历史系办过一个"儒学与现代化"的研讨会，请谭其骧先生去发言。谭先生就说，他对儒学和现代化的问题啊，一直弄不清。他觉得，儒学跟现代化是一点关系都没有的，现在有些人所以提倡儒学，无非是觉得有了儒学以后老百姓就比较听话。这个几乎是他的原话。但是他说，要靠儒学来维护统治大概是很难的。下面就举了一大通例子，从汉武帝独尊儒学开始，历代的统治者都希望靠儒学来维护统治，但是全都没有成功。还有一种说法呢，他说，就是西洋文化是侵略性的，是等于要危害中国人民的，所以我们要复兴我们传统的文化去对抗这些有害的西方文化。他说有许多事情也想不通，比如说义和团，这个不是西方叫我们搞的，是我们自己搞的，那个"文化革命"也不是西方叫我们搞的，也是我们自己搞的。他大概讲了一通诸如此类的话，我想这个事情，朱维铮先生是印象比较深的。讲完了以后，全场热烈鼓掌。那一次会，唐振常先生也参加了。唐先生接下来有一个发言，意思就是说他很赞同谭先生的话，但是他就不敢说这一种话。他发言以后，大家也鼓掌。

　　戴　燕：谭先生当然还是受了"五四"的影响，受过"五四"影响的一代人，看来基本上都不太赞成原封不动地恢复传统的东西，现在倒是一些特别年轻的人，反而会说要念经书、穿汉服什么的，有新鲜感吧。

章培恒：如果从上世纪八十年代的情况来看，八十年代有许多青年其实对于传统文化包括儒学，都是有看法的，所以有不少青年对传统文化批判得很厉害。然后从一九八九年以后，恐怕是有意识地来提倡传统文化，也提倡儒学，那么这以后的年轻人，尤其是当时的中学生跟小学生啊，恐怕都是在这样一种气氛底下逐步成长的。到现在二十年了，那时候的中小学生现在已经都成为中坚力量，那么现在对传统文化有这样的一种态度，我想也是很正常的。

戴　燕：章先生自己对现在种种关于恢复传统文化的办法有什么看法？

章培恒：我不知道传统的恢复是什么意思，因为中国的传统本身是很广的。"四书"、"五经"是一个传统，晚明是一个传统，《金瓶梅词话》也是一个传统。恢复传统啊，到底是恢复什么传统，从什么角度去恢复传统？还有现在已经是二十一世纪了，那么二十世纪的东西是不是也算我们的传统？如果也算的话，那么鲁迅也是一个传统，恢复鲁迅的传统，是不是也要归入我们恢复的中国文化传统当中？就说儒家的传统，孔夫子当然是个传统，董仲舒也是个传统，王阳明也是个传统，其实康有为、谭嗣同他们也还是推崇孔子的，这个也是个传统，如果恢复儒家的传统，那么是恢复哪一个儒家的传统？

与王元化先生访问日本

戴　燕：在上海，王元化先生这么多年来一直是思想文化学术界的一个标志性人物，您跟元化先生交往多年，您怎么评价他？

章培恒：我想，王先生当然是一个很有贡献、也是很有自己见解的人，他晚年对"五四"文化是有所反思的，但是我想他的反思跟现在的提倡国学潮流未必是一致的。

戴　燕：您跟他从胡风事件发生时就被捆到一起……

章培恒：但是我那时还不认识他。他曾经来复旦当过教授，教文艺学，但他是给高年级开的课，我当时是低年级，所以还无法去上他的课。我说不认识是说他不认识我，他来复旦教过书，人当然我认识，但是没有说过话。后来是上世纪八十年代开始才认识的。

戴　燕：上世纪八十年代初您就跟他一起去过日本。

章培恒：是啊，那是认识以后不久。我是一九八一年还是什么时候认识他的，认识他以后不久就跟他一起到日本去，跟他一起到日本去的还有一位牟世金先生。

这个代表团的成员是他挑的，但是挑的时候，我想他并没有考虑到跟他的私人关系。

戴　燕：那时是不是您第一次去日本？

章培恒：那时我已经去过了，去教过一年书。

戴　燕：您去日本是一九七九年到一九八〇年，去神户大学。那时教什么课？

章培恒：讲得比较多，他们把这个叫作外国人教师，钱是文部省出的，学校里边只要申请一个名额，所以待遇比较高，但是要上的课也比较多。神户大学也算是照顾我的，它有的课是给我排着但不让人选，那是为了应付他们文部省的规定啊，就说我已经上足课了。当时我上的课大概一共有四门，一个星期是八节课，他们的一节在时间上相当于我们的两节。

戴　燕：那是您第一次到日本吧？在这之前，从小时候见过日本人，中间几十年很少有接触，包括与日本研究汉学的那些人也不接触，那您第一次去，对日本的感受如何？

章培恒：我觉得很好。那时可能是中日友好发展得最顺利的一个时期，我遇到的日本人对中国人都很友好。因为一个是当时中日已经建交了，一个是中国不要求他们有任何赔偿，另外一个呢，他们当时的民族主义，可能没有后来厉害。

戴　燕：有没有觉得日本的经济、社会的发展，跟当时中国差距很大？

章培恒：是，当时我觉得中国如果能够发展到像当时的日本那样，就不错了。如果从我现在的生活水平来说，大概跟当时不是很富裕的日本教授的水平已经比较接近了。

戴　燕：那时有没有感觉到日本的汉学家跟中国学界有什么不同？

章培恒：我想从当时的日本学者来说，他们的视野比中国的要开阔得多，同时他们在研究中国学问上，面也要比中国的学者广得多。因为我们在二十世纪五十年代后受苏联的影响，我们的面就越来越窄，那么他们呢，还是面比较宽。譬如神户大学有一位伊藤正文教授，他是比较早的京都大学学生，他在神户大学开的课啊，有"六朝文学"，有"中国文学批评史"，有"郁达夫研究"，有"《说文》研究"，可是当时包括现在，中国哪一位教授能够同时开这几门课？

复旦中文系的黄金时代

戴　燕：章先生最早念商科？

章培恒：我原来学过商，后来学新闻，再后来学中文。中文就是在上海学院，因为那个学校实在是比较差，我越学越觉得没有意思，所以想去学医。我到上海学院申请退学，学校有关负责人说不能退学，我说休学，他说休学可以。那个时候，我肺结核还没好，所以就以生病的理由休学，休学期间，就温课迎考，准备从大学一年级念起。等到招生的时候，教育部有个明确的通知，已经大学入学的学生，不准再去考统考，这样我就无法学医了。一九五二年我进复旦。

戴　燕：那时中文系是郭绍虞先生当系主任？

章培恒：是的。后来有一度郭先生生病，就由刘大杰先生代理系主任，郭先生病好回来，刘先生的代系主任就不做了，郭先生继续当系主任。不过不久就辞职了。当时我先在念书，后来因为胡风事件到图书馆去工作，这方面的情况就不清楚了。只是从朱东润先生的传记里边，后来又从鲍正鹄先生那里听说，郭先生大概行政能力本来就不很强，再加上他经常不到系里，学生的反响比较大，这样他就提出辞职，朱先生接任系主任。

戴　燕：章先生听过这些老师的课吗？

章培恒：郭先生、刘先生的课我都听过。郭先生的课大概内容应该是很好的，但是他的表达能力不行，所以听了大半学期他的语法课，实在不知道他在讲什么，后来他生病了，请胡裕树先生来代课。胡先生是表达能力很强的，所以胡先生听说我们大家都不知道郭先生在说什么，就把郭先生讲过的事情重新再梳理一遍。他大概也就用了一两个星期，他一梳理我们就都清楚了，原来郭先生是在跟我们讲这个。

戴　燕：看郭先生的文章写得很流利，想象不出他讲课是这样的。

章培恒：他讲话完全不行，一个是他苏州方音比较重，讲话里边"这个"跟"赛过"特别多，那也就不去管它了，最麻烦的是他有时候一句话讲了半句，下半句就没有了，这种情况底下，学生怎么能够听得懂他到底在讲什么？何况语法这个东西，规律性也是比较强的，所以大家都承认郭先生确实有学问，也确实内容很丰富，但是如果没有胡裕树先生给我们梳理一通，我们实在不知道他在说什么。

戴　燕：一九五二年院系调整以后，很多有名的教授都到了复旦，那时是不是复旦中文系最好的时期之一？

章培恒：确切地讲是最好的时期。

戴　燕：您经常提到您的老师朱东润先生、蒋天枢先生，还有贾植芳先生，这几位先生学问的风格其实是不大一样的。

章培恒：是的，但对我都有很深的影响。刘大杰先生跟我也很不错，但是刘先生对我的影响比较小，因为我受刘先生的影响比较晚。

戴　燕：您对刘先生的《中国文学发展史》怎么评价？

章培恒：我想恐怕是他同时代里边最好的一部吧。

戴　燕：比其他的都好，包括他后来修订以后的？

章培恒：修订以后的就很难说，修订以后，它原来的特色就慢慢地减少了。刘先生的好处一个是重视理论，一个是重视文学的贯通，这些是我佩服的。但在我对他有较多理解之前，已经受到贾先生的类似的影响了。贾先生很重视理论，他自己就翻译过恩格斯的书。

戴　燕：贾先生怎么上课？

章培恒：贾先生讲"现代文学作品选读"，他选一些他认为重要的作家来讲。一个就是讲鲁迅，当时讲课也不大有计划，所以他的"现代文学作品选读"好像讲了也没有几个作家，都是有代表性的。

当时还有一个中国新文学史的课，那是余上沅先生讲的。余先生是"新月派"成员，所以他讲这个呢，实在是讲得很辛苦，因为他对鲁迅本来就未必喜欢，但是当时按照有关的教材啊，必须突出这一方面，所以后来看贾先生的回忆录，讲余先生每天备课都备得很晚，因为这些东西他实在不熟悉。当时是重视苏联文学理论，余先生的理论又是英美文学理论，所以他更需要一切都从头来，从头来的结果呢，是学生对他的课还是不大喜欢。

戴　燕：贾先生上课很受欢迎。

章培恒：是，是。

戴　燕：可是他有很重的口音，这是在上海啊。

章培恒：开始的时候不懂，慢慢听也就听懂了。后来他给陈思和先生他们那个年级上课，大家就都不容易懂他，但是贾先生有一个特点，就是他对学生很有亲和力，所以学生到他家里去，大家是从他的家里慢慢听懂他的话，然后才对他所说的内容感兴趣。

戴　燕：复旦中文系的这些大牌教授们，各个训练不同、主张不同、治学方法不同……

章培恒：但是互不干预。我念书的时候，大概中文系的唯一的特点，就是有成就的教授比较多，而且都能发挥自己的独立作用，互不牵制。

戴　燕：朱东润先生是不是一个特别努力、勤奋的人？

章培恒：我搞不清楚，当然比刘大杰先生要努力、勤奋，但这恐怕也是个人的作风不同。刘先生会玩，但是我想他在不玩的时候也蛮认真的，不然他也不可能有这样的一个成就。

戴　燕：蒋天枢先生做学问的方法相对传统，他主要上什么课？

章培恒：他恐怕主要还是受陈寅恪先生的影响。蒋先生好像讲过一个唐代诗歌之类的课，我曾经去听过两星期，后来因为跟赵景深先生的课冲突了，无法听下去。当时蒋先生的课，是不在我毕业必须念的课里的，我听的赵景深先生的课"人民口头创作"，是必须有成绩才能毕业的。本来这两个人的课没有冲突，后来不知道什么原因，赵先生的课时间换了，一换就跟蒋先生的课冲突了，那只好去听赵先生的课，不听蒋先生的课了。另外，蒋先生后来开中国文学史的第一段，先秦两汉，还开过一些专题研究的课，比如说《诗经》研究之类的。

戴　燕："文革"刚一结束，您就出版了《洪昇年谱》，听说就是受了蒋先生的影响。

章培恒：因为蒋先生年轻的时候做过年谱，做过《全谢山先生年谱》，我觉得他很有收获，我想做年谱可能是一个比较好的路子，所以也想做一部年谱。

戴　燕：那是什么时候开始动手做的？

章培恒：大概一九五七年左右开始，到一九六二年就结束了。一九六三年，我交给现在的上海古籍出版社，他们看了以后提出一点修改意见，改完再交给他们，他们就不敢再出什么书了。上海古籍出版社的前身是中华书局上海编辑所，一直很受上海市委宣传部注意，因为当时的负责人李俊民先生对左的东西很有看法，他所用的人大概也都是在当时被认为不大好的人。他下边有两个编辑室，一个编辑室的负责人是胡道静先生，胡道静先生学问很好，但被认为政治上有问题，所以"文革"期间他就被关起来了。还有一位负责人是金性尧先生，就是文载道，在政治上也长期受到误解甚至歧视。这是他下面两个大将。这个出版社当时很受市委宣传部的注意，李先生呢级别又高，比张春桥他们大概只高不低，所以不搞"文革"呢也不能对他怎么样，但是不断地对这个出版社敲敲打打。到了一九六四年以后，他们觉得情况不对，就尽量不出书了。那么我这个《洪昇年谱》也就出不了了，所以一直等到"文革"结束以后才出。

戴　燕：赵景深先生也是一个比较特别的学者，他上课有趣吗？

章培恒：赵先生的课上得很有吸引力，一面说一面唱。我自己没有上过他的大一语文，我进来的时候已经两年级了。据说他上大一语文的时候啊，当时大一语文的教材是统一的，这个教材也实在是选得奇怪，里边有一课是京剧《打渔杀家》，这怎么个教法呢？他知道一个女同学会唱京剧，他就把这个女同学叫起来，两个人对唱，赵先生唱剧中的那个父亲萧恩，让那个女同学唱女儿萧桂英，结果唱完了，这个课也就上完了。

戴　燕：复旦中文系一度中国文学批评史的力量特别强，这跟郭绍虞先生有没有关系？

章培恒：不只是郭绍虞先生，朱东润先生也是研究文学批评史的，刘大杰先生还主编过文学批评史。刘先生原来不研究文学批评史的，但是周扬不知道怎么找到他，周扬是很重视文学批评史的，他指定刘先生主编文学批评史。这样一来，复旦文学批评史就有了三个专家了。

戴　燕：这就变得很强了，然后王运熙先生他们也起来了。

章培恒：王先生本来也不弄文学批评史的，因为刘先生主编文学批评史，点了几个人帮他一起弄，第一个就是王运熙先生，还有是顾易生先生。所以后来《中国文学批评通史》是王先生和顾先生主编，他们其实都是刘先生主编文学批评史时候的班底。再有一个是我，还有一个是李庆甲先生，李先生很早就去世了。刘先生的文学批评史在"文革"前出了上卷，后来等到"文革"结束重新要编文学批评史的时候，那就是由王运熙先生来负责了。

戴　燕：从一九五二年起，复旦中文系之所以形成现在这样的学术风气，主要靠的是什么力量？

章培恒：复旦以前有个学生叫颜海平，她现在在美国一个大学当教授，前些时候有人访问她，她说朱东润先生是复旦中文系学术上的灵魂，这个话我觉得有一定道理。朱先生他一个是有理论，一个是外文好，一个是古代文史的基础好，所以希望以后复旦中文系培养出来的人都能够这样。大概从这个角度说朱先生是复旦中文系的学术的灵魂，这个话我想是对的。

戴　燕：复旦中文系与上海其他兄弟院校比如华师大中文系有什么不同吗？

章培恒：当然有区别，但是这个区别啊主要不是教授之间的区别，是领导的区别。在院系调整的时候，华师大中文系跟复旦中文系的学术力量是差不多的，比如说搞文学的施蛰存先生、许杰先生、徐中玉先生，比较年轻的比如说钱谷融先生，搞文字学的戴家祥先生，在学术上都各有特点，两系在学术力量上也许有点强弱之别，但大体差不多。但是华师大的领导是真左，我们的杨西光先生是形左，所以施蛰存、徐中玉、戴家祥、许杰这一批人全都成了右派，而复旦学术上强的人一个都没有动，只有陈子展先生划成右派。陈先生划成右派那是在劫难逃，因为是上面点的名，当时复旦有一批出了名的"右"的教授啊，包括张孟闻、王恒守，还有孙大雨，陈子展先生是经常跟他们在一起的，所以这是保不住的。除他以外，中文系学术水平高的人没有打成右派的。

戴　燕：这也是上海的特殊情况吗？

章培恒：还是跟个人经历有关。听说杨西光先生在延安的时候其实就是挨整的，所以他跟于光远先生等人在延安的时候就在一起的。挨过整以后，他就学聪明了，表面上跟得很紧，实际上自己能够发挥作用的地方，他就自己发挥作用。后来在讨论"实践是检验真理的唯一标准"时，他也好像很有贡献，这跟他的一贯认识是有关的。胡耀邦女儿写的那个胡耀邦回忆录就特别讲到杨西光先生，他在党校学习过，而胡耀邦是党校负责人。据胡耀邦女儿说，杨西光先生品质很好，思想很敏锐，也很开放，所以胡耀邦主动把他留在北京的《光明日报》。

戴　燕：杨西光反右时是复旦的党委书记。

章培恒：反右的时候，听说原来北大有一位书记也很好，他是顶，顶的结果是他自己被发配到西北去了，接下来呢右派划得更多。杨西光先生的办法是运动来了，他顺着，但有可能釜底抽薪的时候，他就釜底抽薪。这个做法到底怎么评价？很难说。当然他还是要拿一批右派去顶缸，不然过不了关，被他拿去顶缸的这批人有的就很悲惨。

戴　燕：陈子展先生后来怎么样？

章培恒：陈子展先生倒是还好。因为对陈先生没怎么动，大概只是降了他的薪。他在反右以前基本上就不到学校来了，他不接受学校的工作，学校、系里也不怎么敢安排他的工作。成为右派以后，他也还是继续在家里，也没有叫他到学校里边来，譬如参加图书馆的劳动啊什么的。直到"文革"，他才再度受难。

王水照

文学史谈往

王水照

1934 年生于浙江余姚。1960 年毕业于北京大学中文系，随即任职于社科院文学所，1978 年起到复旦大学中文系任教，现为资深教授。主要著作有《唐宋文学论集》、《宋代文学通论》、《王水照苏轼研究四种》、《半肖居笔记》、《王水照自选集》等，主编有《新宋学》、《历代文话》等。

北大的清华学风

戴　燕：在您的学术生涯中，大概最重要的就是文学史的研究和教学。近来许多人都关心文学史的写作或教学，也都觉得需要"反思"，我们知道您也写过一些这方面的文章，现在特别想听听您的意见。

王水照：我的经历很简单，从北京大学中文系求学，到中国社会科学院文学研究所工作，最后到复旦大学任教。在北大是学习编写文学史，到了文学所参加另一种文学史的编写，最后到复旦教文学史。如果用一句话来概括我的学术经历，那就是学习文学史、编写文学史和讲授、研究文学史的过程。

我体会最深的，在中文系所有的课程当中，最重要的就是文学史，这和我自己受北大的文学史教育有关。我们是"五五级"，是第一届由四年制改为五年制的班级。五年制的课程安排是这样的：第一学期讲授"人民口头创作"，下面四年半时间都是文学史，从古代一直到王瑶先生的现代文学史，每周六小时，一、三、五都要上课的。这么重的课程量放在文学史上，那就说明文学史是中文系学生的一个最基础的核心课程。光从知识层面讲，这是最重要的知识积累，能对中国文学的发展过程获得系统的认识，了解中国各种文体的基本特征，特别是对艺术鉴赏能力和写作能力的培养，这些都是其他课程所无法代替的。无论你将来搞什么，搞文艺理论也罢，进行其他工作也罢，作为中文系学生最基本的"童子功"，实在是十分重要的。

戴　燕：那时候有什么教材可以用？

王水照：北大没有自己的教材，那时候全国还没有统一教材，只有一本《中国文学史教学大纲》，由高等教育部"审定"，一九五七年才出版。刘大杰先生的《中国文学发展史》上册和下册分别在一九四九年前后出版，使用不很方便，到了一九五七年底才由上海古典文学出版社印行此书的三卷本，但北大也不大可能以他的文学史为教材。北大的老师都是讲自己的一套，那个《教学大纲》虽然有一定的约束力，但老师上课的时候也不讲这个，北大的老师不可能服从你某一个"定本"来照本宣科的，不过比起以前来已经守规矩得多了。游国恩先生不是写过一篇《对于编写中国文学史的几点意见》，谈他"对于这个大纲，我虽然也有一些保留意见，但基本上是同意的"么？那时全面向苏联学习，努力使课程规范化，面对苏联的那一套带有强制性的要求，老师们也都在调整自己，努力适应主流的学术、教学要求，个人性的东西在体系上不能去发挥。

戴　燕：正好您的那些老师，包括游先生、王瑶先生，他们都是最早提倡并实践文学史写作的一代人，他们年轻时候的理想就是写一部文学史。其实更早在"五四"新文学运动前后，这些人的老师胡适、傅斯年那一批人就都很想做文学史了。北大后来出版的那套文学史就是您的这些老师们写的吧？

王水照：我们那时的中国文学史课是分段讲授的，先秦两汉、魏晋南北朝隋唐、宋元、明清、现代，分别由游国恩、林庚、吴组缃、浦江清、王瑶等先生主讲，但一九五八年"教育革命"后，这一计划有所变动。这个阵容，在当时全国高校中是首屈一指的。他们都有自觉的文学史学科意识，有深厚的学术造诣和极富个性的学术品格。游先生是楚辞专家，参加过《教学大纲》的制定，又是全国统编教材《中国文学史》五主编的首席。林先生早在厦门大学时就独著《中国文学简史》，吴先生后与门人合著《宋元文学史稿》，王先生的《中国新文学史稿》更是该领域的开山作之一。由这些老师主掌杏坛，真是我们的大幸福。

戴　燕：但是我们也很好奇，您这一代人大多以文学史为"童子功"，这跟老一辈学者并不是从文学史而是从个别作品入手，最后形成的学问风格到底是有所不同的吧？

王水照：我想是有很大不同的。有次我到钱锺书先生那里去，他跟我说：最近我花了两个星期把"十三经"温了一遍，又发现好多好东西。我当时吃了一大惊，"十三经"两个星期温了一遍是什么概念？我就想起我在大学期间，曾打算紧随文学史的课堂教学把作品读一读。老师讲《诗经》，我想尽可能地把《诗经》的原著读一遍，后来发现这个计划完全无法完成。讲《诗经》课程已经很多了，两个星期吧，但时间一晃就过去了，我怎么能在两个星期里把《诗经》读一遍呢，《国风》还比较快，《雅》和《颂》完全没办法读下去，马上就结束了，讲《楚辞》了。老先生的童子功是"十三经"等古代经典，而且后来我知道，不少老辈学者是有"温书"的习惯的，他们从小就读这些书，到了一定时期是要"温书"的，就是把他们一生当中读过的几部重要的书再来温一遍，叫"温书"。钱先生跟我讲的，恐怕还不是一般习惯的"温书"，而是与他作读书笔记有关的。他们学问的底子就是从大量的经典的文本着手，量非常大，钱先生的集部之学尤其很少有人超过他的。现在不是有人讨论为什么钱先生的著作《管锥编》选择札记样式，当然可以从很多角度去解释，但一个非常重要的原因是，他从小读书就这样的。钱基博先生在一九三五年《光华大学半月刊》发表他的《读清人集别录》，在《引言》中说"儿子锺书能承余学，尤善搜罗明清两朝人集"，做了大量日札，如果将他们钱氏父子两个人的日常笔记整理出来，能与钱大昕的史学"后先照映，非夸语也"。他是很自负的。钱穆先生也说他们父子的集部之学没人超越。所以，他是在广泛地阅读原典的基础上从事学术工作的。

我们这一代就不同了。我们的学术起点就是大学教学，真正的入门就是文学史，文学史讲授主要是文学概况介绍和作家作品评析两部分。游国恩先生讲第一段先秦文学史时，随堂随编了《先秦文学史参考资料》，后来由中华书局出版。

戴　燕：这书非常好，到现在都有用。

王水照：对，这书我是每个字都读过，甚至是背过的，所以我讲我的童子功就仅仅如此。这书选目是游先生定的，但具体注释工作是吴小如先生完成的，我曾跟吴先生开玩笑：我的学术基础就是您的《先秦文学史参考资料》，您是我的开蒙"业师"。这部书给我打开了学问境界，它讲《诗经》，选篇和注释就和别的书不一样，大量注释引用朱熹、王引之、马瑞辰、陈奂、俞樾等训释，我当时第一次知道余冠英的《诗经选》不是单纯的普及性的文本，他和前面朱熹等"诗经学"的名家是并列在一起的。这部参考资料的"诗经附录"部分，更采辑了有关论述"采诗"、"删诗"、"诗入乐"等专题的原始资料，凡它提到的一些书目，我就找来读，这对我影响很大。我们刚从中学生出来，中学课本里就只是《硕鼠》等几篇东西，根本不知道《诗经》

拥有这么大的学术殿堂。

所以，从学术起点而言，我们这一代大都是从文学史开始的，就我自己，也可以说是从《先秦文学史参考资料》入门的，而钱先生那一代则是从研读大量原典入手，相比之下，我们有些"先天不足"，这个时代差距是无法弥补的。再从面对文献的身份而言，钱先生他们既作为一个研究者，也是一位鉴赏者，又是一位古典诗文的创作者，这三种身份是合一的。他带了这三种身份去从事日常的读书生活，这跟我们这一代不一样。我现在是个教师，我要扮演教师的社会角色和一个研究者的角色，文本在很大程度上是个冷漠的研究对象，我平时也不会写古文、古诗，完全是游离的。当然，后辈人也有自己的长处，在研究手段上也有现代科技带来的一些优势。

戴　燕：说到钱先生，还得多说两句。跟现在的学者比起来，钱先生是比较接近更老一辈学者的，可是他跟与他自己同一辈的学者又好像略略不同，比如他跟游国恩先生、王瑶先生，他们年辈差不多，学问的方法却不尽相同，钱先生算是很特别的一个人吧？

王水照：钱先生肯定是独特的"这一个"。王瑶先生写有篇《念闻一多先生》的文章，提出一个"清华学派"的问题，我觉得这篇文章非常重要。他引了冯友兰先生的话，说清代的学者主要是"信古"，像乾嘉学派提倡尊重家法，老师怎么说的，他不能背叛的；"五四"时期是"疑古",要重新评价,多做翻案文章;到我们应该是"释古"。清华就是释古,它的方法就是"中西贯通,古今融汇"。我觉得这八个字非常重要。那么北大的学风特点究竟在什么地方?老北大是有一个传统的,就是所谓余杭的章(太炎)、黄(侃)之学。

戴　燕: 但章、黄离开之后,这个学风是不是就断掉了?

王水照: 是有点断掉了。这可能和一九五二年院系调整直接有关。院系调整的时候,北大是占便宜的。调整之前北大中文系的名教授不多了,只有几位,如魏建功先生,杨晦先生恐怕也是后来去的,院系调整时,好多原北大的教授几乎都调走了,俞平伯调到文学所,杨振声、冯文炳(废名)调东北,而调来的教授主要来自清华,林庚、王瑶、吴组缃、浦江清,原来都是清华的。所以到我们上学的时候,感受到的学风,反而老北大的影响不深了,是清华的学风在实际上占主导。当然这跟进入新社会也有关,要求学术视野广一点,要求接受新鲜的知识,所以在我们身上,二十世纪五十年代的北大学生身上,得益于清华的学风比较多。在我们听的课中,只有郑奠先生——他是老北大的学生,但那时在语言研究所工作——讲的《文心雕龙》,尚有老北大的味道。他讲《文心雕龙》,就是用语言学的方法,讲"风骨",他就能讲出来《文心雕龙》里有多少种风骨,细细地比较各是什么含义,就是用训诂的方法做的,把

《文心雕龙》的概念、范畴用语言学的方法来进行诠释，这个当时给我印象非常深。这是老北大的作风，老北大一直重视文字训诂，更接近于乾嘉流传下来的东西。

对我影响大的是钱锺书、何其芳

戴　燕：文学史对于您这一代人的影响，肯定是非常大的，可是您也见到过老一辈的学者治学，那么依照您的看法，哪种方式更适合现在的年轻人，对他们更有益？

王水照：拿我自己来说，文学所对我影响最大的两位老师，一位是钱锺书先生，一位是何其芳先生。在具体写作能力的培养和锻炼上，我还是受何其芳先生的影响大一些。何其芳先生对钱先生他们那一辈是非常尊重的，对他们的东西很少提意见，但对我们年轻人是非常严格的。何其芳先生去世以后我写追悼性的文章，就是讲了一件他批评我的事情，他把我的稿子否定的事情。

我参加过北大的文学史编写，文学所对我比较重视，我刚到所，文学所正在进行另一部文学史的编写，就把两个大章叫我写，一个韩柳，一个苏轼。韩柳一章在讨论时就被他"否"了。他说：与已出版的文学史相较，面貌雷同，应该力争有"一寸之长"。立论的角度陈旧，文章的结构松散，要推倒重来。所以到写苏轼那一章时，我就学了乖，写了个很详细的提纲，当时我们在西郊党校，寄给了何其芳先生。过了一段时间，他给我写了封信，说提纲收到了，最近一直在读苏东坡诗的集子，但只读到一半，工作很忙，读不完，你还是先到我家来谈一下。那次谈话我印象很深，我非常感激他。后来稿子交上去，在讨论时，他说苏轼的稿子我看了，基本上还可以，就通过了，看来还是比较满意的。我自己觉得，从研究方法到行文的基本样式，我还是受何其芳先生影响比较多。

戴　燕：现在的学生不可能像您那样，一进大学就有机会写那么重要的一部文学史，不管现在大家怎么看它，然后刚到文学所，便又参与了一部更加重要的文学史的写作，这都是很大的事情。现在的学生要读古代文学专业，应当采取什么样的读书方法、训练方法呢？

王水照：我刚才讲何其芳先生对我的影响，除了写文章以外，还有一个就是怎么安排工作的方法。何其芳先生每年对新进所的同志都要讲话，都要讲研究方法，每年他都要强调"三基"——基本理论、基本知识和基本技能，但每年讲法不一样，用的例子不一样。从我第一次进所听到他讲这个，以后他给新同志讲，我都参加的。他每次讲都写讲稿，他讲的时候是脱稿，但事先都写好的，所以他逝世以后，他的秘书给他整理档案，整理得都哭了，毛主席也说何其芳做事认真。

何其芳哲学系出身，不是搞古代文学的，但他一直有志于要编一部文学史，所以最早成立文学所的时候，古代文学方面有两个研究室组，一个是"中国古代文学研究组"，一个是"中国文学史研究组"，他自己兼文学史研究组的组长，是想要写一部文学史的。他开始不是先搞《诗经》么，后来又搞《楚辞》，写过屈原的论文。他经常说自己原来的古代文学基础是不够深厚的，但要是研究哪个问题的时候，比如《红楼梦》，就尽量地把有关《红楼梦》的资料详细占有。他给我们强调什么叫"研究"呢，就是毛主席在《改造我们的学习》中的一句话："详细地占有材料，在马克思列宁主义一般原理的指导下，从这些材料中引出正确的结论。"他说这就是研究方法。有了写作任务以后，他就尽可能地广泛地搜集、整理资料，一直强调资料的占有是研究的前提与出发点。

他这个方法对我们比较合适，因为我们不可能像钱先生那样，原来的学术积累深厚无比。现在出版的《钱锺书手稿集·容安馆札记》三大卷，是他日常读书生活情景的生动展示，还未出版的有四十几卷，他恐怕是世界上个人手稿存量最多的一位，有人说这是钱锺书用手写成的一座图书馆。这一点我们这代人已经做不到了。何其芳还跟我们说，进所以后要用"四分之三的时间搞研究，四分之一的时间补课"，我觉得也有很强的操作性，要有固定的时间进行"补课"。例如理论修养不够，那么就用这四分之一时间系统读一点，马恩全集不可能全读的，但《马恩选集》、《列宁选集》我都细读一遍的。

戴　燕：补课的意思就是补理论课？

王水照：也补知识，你哪一块知识不太多就补一下。比如我，原来一直做唐宋，到复旦来就做宋，先秦那段知识就相对少一些，这就需要补课，要注意调整与优化自己的知识结构。我想现在的学生恐怕也只能走这条路，特别是近来招收的博士生，基础似乎不大理想，既然"先天不足"，那就只好后天有选择地"进补"了。

文学史的写作回忆

戴　燕：在您求学和工作的过程中，刚好都赶上反右和"文革"，当然您是一位在专业上非常投入的学者，但是在那样一种动荡的社会政治环境下，即使是一个单纯学习和研究古典学问的人，是不是也会受到某种影响？那时候您也很年轻，那样一种气氛，会不会影响到您的人生态度？

王水照：是这样。那是一段难以忘怀的惊心动魄的经历，欢乐与痛苦、献身的热情与批判的压抑、理想的憧憬与内心的惶惑的交织甚或循环交替，能使人们获得更深的人生体悟。我们曾怀着几乎朝圣般的虔诚来到北大这块精神圣地，在最初的"向科学进军"的热潮中，废寝忘餐地刻苦攻读过，但到了反右以后，一连串的运动，却使我们陷入了一个人人不能自主、人人感到自危的困境。然而，从挫折中学习、从自己的错误中学习，可能是最重要的学习，只有成功的经验和失败的经验的结合，才是完全的经验，才能真正总结出一些对今后人生道路有益的东西。

刚才讲到"北大文学史"，有人说这是场闹剧，我觉得也不很过分，一届还未学完中国文学史的大三学生，竟在一个月内写出一部七十多万字的文学史，难道不是匪夷所思吗？但我觉得这对我整个学术道路和人生思想都有很深刻的影响。在编写文学史的整个过程里，我们是完全跟着主流意识转的，没有自己独立的意识。这部文学史提出了三个基本观点：一是现实主义与反现实主义贯穿着整个文学史的发展，二是民间文学史为文学史的主流，三是坚持政治标准第一、艺术标准第二。这三条都是有根有据的，而且还是经典性的根据。所谓现实主义与反现实主义的斗争，那是从苏联来的，列宁有过两种文化的理论，当时还有茅盾的《夜读偶记》作为支撑。再看第二条，高尔基不是说过"人民是创造精神财富的唯一无穷的泉源"的话吗？至于政治标准第

一、艺术标准第二，那是《在延安文艺座谈会上的讲话》里面的经典论断。这些有根据的观点到了我们的手里面加以具体的演绎，演绎出来的结果，却是连我们同学自己也都不能相信了，都不对了。这就说明真正的科学研究，是不能引申的，不能夸饰的，真理多走一步就变成谬误。同时我们也认识到，真正要对文学史进行大的概括，是一件非常艰苦的事情，不是轻易能够做到的。这个对我的教育太深了。所以后来再遇到类似问题，比如"文革"中提出"儒法斗争贯穿文学史"，我就很自然地保持警惕，不敢盲从，觉得这是难以经得起时间考验的。

更值得反思的是"大批判"基调，对古人粗暴批判，对老师粗暴批判，既有损学术尊严，又于尊师之道有亏。这边刚刚袭用了老师的材料和观点，那边却气势汹汹地大肆指责，茅盾先生原是此书立论的一个重要资源，连《夜读偶记》也挨批判。这种似乎真理在手、横扫一切的骄蛮之风，在中国现代政治、学术史上渊源有自，到"文革"更达登峰造极。这种"痼疾"实应深切记取。

戴　燕：为什么当时会要同学来写一部文学史，有什么具体背景吗？

王水照：一九五八年大跃进时期，毛主席在党的八大二次会议上提出来要"树红旗"、"拔白旗"，"任何一个地方都要插红旗，让人家插了白旗的地方，要把他的白旗拔掉", 于是全国就掀起一股批判资产阶级学术思想的高潮, 北大中文系古代文学方面, 在学术上批判得最厉害的对象是林庚先生, 后来还专门出版过一本《林庚文艺思想批判》。林先生上课的时候, 我们是那么喜欢, 记得他最后一堂"说'木叶'", 讲完以后全场都鼓掌。他讲"袅袅兮秋风, 洞庭波兮木叶下", "木叶"跟"树叶"在概念世界里指的是同一个事物, 都是落叶, 但在艺术世界里就有一字千金之别。可是到了大批判的时候, 二班的五位同学写了将近一万字的文章在《文学遗产》整版发表, 《从"木叶"说起: 批判林庚先生的资产阶级学术观点》, 里面引了大量的他讲稿里的东西, 上纲上线。有同学去问林先生的感觉, 林先生还是诗人的气质, 他说: 你们能破不能立。正在这个时候, 北大党委号召群众大搞科研, 于是一个同学提出说我们可以写一部文学史嘛, 林庚先生说我们能破不能立, 我们就立一部给他看看, 事情就这么决定了。本来暑假快要开始, 也就放弃了。离开今天恰好整整五十年。

戴　燕: 后来复旦、北师大也写有文学史, 都在你们之后了?

王水照: 都在我们之后了。但是为什么在后来中国作协和文学研究所联合召开的讨论会上——那是邵荃麟主持的, 何其芳做的总结报告——名义上讨论三部文学史, 实际上就只讨论了北大的这部文学史? 为什么北大的这个文学史能够比较受重视，其他两部的影响不如北大？这个原因还是可以找一找。

戴　燕： 应该去找些资料、档案来看，或是听听当事人的回忆。

王水照： 文学史的编写给"五五级"带来了巨大的声誉，作为先进集体出席过校、市、全国的各类会议而受到表彰。首都各报刊发了大量社论、报道和书评，我们一九六〇年毕业前曾编了一本《战斗的集体》小册子作为纪念，第一篇就是陈毅元帅的来信。他说："你们写的文学史前后共收到三套，抽空选读了几节，觉得很好，感谢你们送书美意。"我们很受鼓舞。要说明的是，这是他对我们第二版文学史的评价。"红皮"文学史出版不久，我们接受批评意见，进行了重新改写，这就是一九五九年版的文学史。这版由二册改成四册，一百二十多万字。我们放弃了"斗争说"、"民间文学主流说"，放弃了"大批判"基调，努力回到正常的文学史书写上来，也改变了与老师的对立态度，邀请老师指导和审稿。内容上也有较大的充实和提升，如近代文学第一次进入了文学通史的叙写，这与阿英先生的直接帮助有关。因此，后来游国恩等主编的统编教材文学史，也公开说明采用此版的一些观点。我们也是"与时俱进"的啊！

戴　燕： 这就是为什么到现在人们还念念不忘北大中文系"五五级"的原因罢。

戴　燕：看来做古典研究也还是脱离不了大的时代背景。而现在似乎又到了一个传统文化回潮的时代，电视啦、报刊啦，包括一些娱乐媒体都在鼓吹。作为一个学者，不知道您怎么评价这种现象？

王水照：中国传统文化的普及，这本来是个历史的传统，但目前的情况，它背后恐怕有娱乐大众化、知识商品化的趋势在驱动。对于学术研究的"演义化"，就像《三国志》有《三国演义》，我说两句话，一句是"无伤大雅"，一句是"勿伤大雅"。

"无伤大雅"，如果从历史上来看，有《三国志》，也有《三国演义》，了解它们的不同性质和功能，以及它所面对的不同受众，"演义化"应是容许的，也是无伤大雅的。人们可以从《三国志》里了解三国的历史，也可以从《三国演义》里得到某种历史知识和智能。我们是有这个传统的，人民对历史的了解，大多是从这个传统中接受下来的，我觉得这是无伤大雅的。当然我们还是要做好学术研究工作，做得有成绩，那就还有个"定力"在那里，不会使整个文化失衡。

同时我希望从事普及工作的一部分学者，应该注意"勿伤大雅"，不要把"大雅"伤了，我想这是目前最重要的，当然这个界限在什么地方，肯定各人的看法不一样。比如像我们的"红皮"文学史里评赏屈原的《湘君》、《湘夫人》，认为这分别是扮演湘君、湘夫人的女巫的独唱，是抒发真挚爱情之歌，那一大段以译代释的文字，至今仍很感人，似无大错。但现在有人戏说湘君、湘夫人是影射屈原跟楚王王妃之间的暧昧关系，比起来，我们就要好得多，正得多了。希望做普及工作的先生要对我们的历史和文化抱着敬畏的态度，要帮助人们从各种渠道认识我们中华文明最有价值的地方，不要把它丑化了、妖魔化了、低俗化了。我们中国这么伟大的一个民族，没有对光辉灿烂的传统的一个敬畏的态度，我觉得就没前途，而且是没出息的。

裘锡圭

古典学的重建

裘锡圭

1935年生于上海。1956年毕业于复旦大学历史系，1960年研究生结业后任教于北京大学中文系，2000年获芝加哥大学授予人文学科名誉博士学位，2005年起任复旦大学出土文献与古文字研究中心资深教授。主要著作有《文字学概要》、《古文字论集》、《裘锡圭学术文集》六卷等，主编有《长沙马王堆汉墓简帛集成》等。

为什么提出"古典学"重建

戴　燕：这些年，您多次谈到"古典学"的重建，我们首先想要了解的是，您为什么有这样一个想法？您提出的"古典学"的宗旨又是什么？

裘锡圭："古典学"这个名称，中国学术界以前不太用，我用这个名称也很偶然。二〇〇〇年，日本学者池田知久在东京主持一个公开研讨会，题目叫"文明与古典"，是不是他打过招呼说要讲讲古典学方面的问题，我记不清了。我想"文明"这种大的问题，我也不会讲，那还是讲古典学的问题吧，就写了一篇《中国古典学重建中应该注意的问题》。这是我用这个名称的开始。

为什么提"古典学"重建？因为从一九七〇年代以来，地下出了好多简帛古书，有西汉早期的，也有战国时代的，内容很重要。当然在此之前出的那些汉简等等，对于我们研读先秦、秦汉的古书也有帮助，有时候可以纠正错字，有时候可以把没有弄清楚的问题弄清楚，我也写过这方面的文章。上世纪七十年代以来，首先发现了马王堆帛书、银雀山竹简，后来又发现了战国竹书，这些对研读先秦、秦汉古书起的作用更大。大家知道比较多的，就是《荀子·非十二子》讲的子思、孟轲"案往旧造说，谓之五行"，子思他们提出的"五行"到底是什么东西，马王堆帛书一出来，就彻底解决了。又因为出土的《老子》比较多，对于《老子》的一些错误，尤其重要的是像战国时候人的窜改，庄子后学对老子的窜改，以前不知道，现在都知道了，有些地方甚至跟原来的意思完全相反。我在这方面写过文章，在《长沙马王堆汉墓简帛集成》中，我做《老子》甲本的注，也有说明。还有关于孔子跟六经的关系、早期儒家的思想、所谓"黄老思想"（我称为"道法家"）的源流等，大家谈得很多了。在这些方面，都有新的认识。

这些资料出来以后，学界还普遍认识到，"古史辨"派在辨古书上有很多不对的地方。他们在辨古史方面功劳很大，但在辨古书方面错误太多。辨伪其实也不是从他们开始的，古代人对古书年代也有考辨，他们是集其大成。集其大成，又走过了头，好多古书，"古史辨"派认为是假的，现在出土的文献可以证明它们是真的，至少是先秦的书。但是现在不少人，否定"古史辨"派也走过了头。有些人甚至于认为传统旧说都是可信的，连伪古文《尚书》、《列子》这样的伪书，都信以为真，简直是走回头路，比清代人、宋代人都不如了，回到"信古"去了。我感到不能因为"古史辨"派走过头，就一概否定他们，那是更错了。我们应该在充分吸取前人成果的基础上，根据新资料、新的研究，重建"古典学"。

"古典学"的名称，虽然古代没有，但是古典研究从孔子跟他的学生就开始了，后来一直有人继续这方面的工作。可以认为宋人对古典学有一次重建，应该说力度比较小。上世纪二三十年代，"古史辨"派否定很多传统的东西，也是一种重建。他们在西方思潮的影响下，强调要根据理性来看问题。现在看他们是走过了头。我们也应该重建，但不是回到信古，是要比前人更进一步，把古书里的问题，大大小小的问题，尽可能弄清楚。一方面对于"古史辨"派的错误意见应该批判，一方面我感到很重要的，重要性一点不在批判"古史辨"派之下的，是不能够像有些人那样盲目否定"古史辨"派，这个倾向更要不得。我提出"古典学"重建，有这么个背景。

这里有个很明显的例子，就是禹的问题。"古史辨"派说，传统旧说认为夏人祖先、商人祖先、周人祖先都在尧舜的朝廷上当官，这不是事实，是古人虚构的，在较早的传说中，禹是从天上派下来的。上世纪末有一件重要的西周时代铜器出土，就是豳公盨，上面写着"天命禹"如何如何，那上面根本没有提尧、舜，这不证明"古史辨"派讲的基本是对的吗？但有人说西周铜器上有禹，说明他是个历史人物，"古史辨"派讲禹不是历史人物，是错了。古代到底有没有禹这个人先不讲，在西周人心目中，他显然就是天即上帝派下来的，并不是尧、舜朝廷上的一个大臣。这明明是支持"古史辨"派的资料嘛，但是他们却那么讲，简直是不讲道理了，那怎么行呢？

"古典学"研究的是作为我们古代文明源头的上古典籍

戴　燕："古典学"的提法得来偶然，但您的想法是早已有的。那么您提倡的"古典学"，与西方的古典学有没有关系？主要有哪些内容？

裘锡圭：用了"古典学"这个名称，后来感到也很需要。在西方学术界一般说"古典研究"。这个古典研究的范围很广，包括古希腊、罗马的语言、典籍，也包括古典时代的历史、思想史、科技史以至文艺、美术等等方面。当然，是以读古希腊、古拉丁文献为基础。

古希腊语、古拉丁语早已不用了，虽然不少从事古典研究的西方学者，他们的语言与古希腊或古拉丁语有程度不等的相当密切联系，他们的历史、文化与古希腊、罗马的历史文化也有密切关系，古希腊、罗马文化是他们的文化的重要源头，但这种关系毕竟是比较间接的。

我们中国的情况呢，虽然上古汉语跟现代汉语差别很大，上古汉字跟现代汉字也差别很大，但毕竟是一脉传承下来的。那些传世的先秦的书，其文字现在还能认。当然其内容一般人已经不大懂了，但毕竟跟西方一般人看古希腊、古拉丁原文不一样。所以我们的"古典学"虽然借鉴了他们的"古典研究"，但不必像他们范围那么广。你要把先秦的思想文化研究、社会历史研究都包括在我们的古典学里，一般的人文学者不会同意，我感到也没有必要。

我们这个"古典学"是比较名副其实一点，主要就是研究作为我们文明源头的那些上古典籍。主要是先秦的，但也不能讲得那么死，秦汉时候有一些书跟先秦的书关系非常密切。譬如传世的最早医书《黄帝内经》，有些人说是东汉才写的，它成书可能是在东汉，但现在根据出土的文献一看，它好多内容是先秦的。马王堆以及其他一些西汉早期的墓出土了好些医书，那些医书肯定是先秦，因为西汉早年不可能写出那么多，《黄帝内经》的不少内容，就是因袭它们的。还有《淮南子》，刘向编的《新序》和《说苑》，有很多内容来自先秦古书。科技方面的算术，现存最早的《九章算术》肯定是东汉时编成的，但从出土文献看，秦代、西汉的算术书，跟它关系非常密切，其内容肯定大部分来自先秦。我们的"古典学"就是以这些书的研究为基础，牵涉的方面很广，如这些书的形成过程、资料来源、体例、真伪年代、作者、流传过程、流传过程里的变化、地域性等，都应该研究。这些书的校勘、解读，当然也是古典学的重要任务。古典学不用把上古思想史、社会史、历史研究等包括进去，但要是没有这些方面的知识，你能读懂这些古书吗? 研究的时候，还是需要这些方面的很多知识的，实际上关系非常密切，不能割断。

现在我们研究先秦、秦汉的古典，可以说如果没有出土文献研究的基础，那肯定是不可能深入的，而要真正掌握出土文献，古文字又是基础。这方面跟西方的"古典研究"又有相似之处，他们必须有古希腊语、古拉丁语这个基础，我们也要有古汉字、古汉语的基础。当然，最根本的基础，还是汉语言文字和古代典籍方面的一般基础，没有这种基础，古汉字、古汉语和出土文献都无法掌握。

要努力提高我们对古代文化的研究水平

戴　燕：您讲的"古典学"，还是以古典典籍为核心的研究。

裘锡圭：我们这个"古典学"啊，比较符合字面的意思，不是范围那么广。

戴　燕：那么，现在流行"国学"，还有人要恢复儒家，这些跟您讲的先秦、秦汉时代我们文明的源头，有没有关系？

裘锡圭：从内容上讲当然有关系，但是我讲的范围比较窄，没有他们那么广。我是不太愿意用"国学"这个名称的，范围不清楚，而且现在起用"国学"这个旧名称，不一定很合适。现在不是清末民初。那时，"西学"第一次大量涌入，我们传统的学问似乎要被淹没了，所以有人打出"国学"的旗号，与"西学"抗衡。现在我们研究传统文化、也可以说是古代文化的人很多，他们在研究中并不排斥外来的好的研究方法。外国人以中国古代文化为对象的汉学研究，当然不属于我们的"国学"，但是他们的研究如果出自纯正的学术立场，除了研究者国籍不同外，跟我们的"国学"研究又有什么本质不同呢？他们的好的研究成果，我们应该积极吸取，很多人也确实是这么做的。在这样的学术背景下，起用"国学"这个旧名称，似乎并不很合适。"国学"只能视为对中国人的中国古代文化研究的一个非正式的简称。

戴　燕：在中国，现在还有很多人也开始讲西方古典学，有人要读西方的经典。

裘锡圭：那当然很好，我们应该对别人的文化有更深入的了解。

戴　燕：现代人讲古典学，都希望古典的学问、古代的文化传统，跟今天能做一个对话。当然我们都知道您是一个只讲学术的人，可是我们也知道您并不是一个不关心时代的人，那么您提倡"古典学"的重建，跟今天这个时代会不会有所互动？

裘锡圭：当然，像社会主义核心价值观，跟我们古代的核心价值观有联系，这是不用说的，但是我不太同意现在有些提倡"国学"的人的做法。有些提倡"国学"的人喜欢强调"全球视野"。从有的人的话来看，他们认为外国人对我们的古代文化知道得太少，强调"全球视野"，是急于把我们古代文化中好的东西推向世界，使他们能较好地认识我国古代文化的价值。其实，提倡"国学"的主要目的，应该是提高"国人"对自己的古代文化的认识。我国一般人对自己的古代文化，尤其是作为中华文明源头的先秦重要典籍，知道得太少，亟需提高在这方面的认识。这是关系到民族命运的大事。

无论是为了提高我国一般人对自己的古代文化的认识，还是为了把我们古代文化中好的东西推向世界，最需要做的事，是努力提高我们对古代文化的研究水平，多出真正的精品，包括通俗读物的精品。有了足够的精品，才能切实提高一般人对古代文化的认识水平。我们有了真正的精品，国外的汉学家当然会加以注意，会吸取或参考其中有价值的东西。这种精品如能译成外语，或能将其内容介绍给国外对中国古代文化感兴趣的一般人，也比较容易为他们所接受。但是如果用大力气，花大本钱，把并非精品的东西推荐给"国人"或推向世界，有可能会起反作用，会使人产生对我国古代文化的错误认识，甚至产生反感。

在我们的古代文化研究领域内，还有很多没有很好解决的问题。例如我们对先秦两位最重要的哲人老子和孔子的理解，跟他们的真实情况恐怕就有不太小的距离。尤其是对孔子，往往一贬就贬到九泉之下，一捧就捧到九天之上，态度极不客观。我们必须努力全面掌握跟所研究的问题有关的新旧资料，认真进行客观而深入的研究，才能使我们的认识接近真实。我重视古典学重建工作，也是由于考虑到了这种情况。

传世文献与出土文献要很好地结合起来

戴　燕：您的意思，还是要老老实实去遵循学术的标准。那么，要做到您所倡导的"古典学"重建，需要什么样的基本训练？如果今天去研究早期的历史文化，是不是一定要看出土的东西，如甲骨、简帛等，如果没有摸过那些东西，是不是也没法做？

裘锡圭：最重要的还是古汉语、古文字以及文字、音韵、训诂的基础，也要有古典文献学的基础和出土文献整理方面的知识，对古代思想、历史、社会也要有一定了解。其实就是要求出土文献和传世文献很好地结合起来进行研究。古文字跟一般文字、音韵、训诂的知识都要有，而且还要多读多接触传世古书本身，不能够只是看一些什么学什么概论，对古书没有足够的感性认识，那样是很难做好研究的。

戴　燕：由于学者的提倡，出土的东西越来越多，还有文物的商业价值也被开发，我们感觉到差不多这十多年来，对于地下新出的东西的重视程度越来越高。不光是您长期研究的先秦、秦汉时代，基本上是在各个时段，大家都认为需要用到这些出土的东西，这已成风气。像中古时期，好像不用碑志不行，到了明清时代，不进村不找庙，也不行。

裘锡圭：现在刊物上常常有新发现的宋代以来的文书的研究。

戴　燕：这一二十年来，这成了一个学界的新常识，就是不讲新发现，都没办法做学问。这是一个潮流，特别年轻人都受这个影响很大。

裘锡圭：这实际上还是如何处理新资料和旧资料关系的问题。我以前就跟有些年轻人说过，如果一个人不懂新资料，旧资料搞得很好；另一个人，旧的基础没有，用新资料胡说八道，那么宁愿要前面那种人。如果对新资料不熟悉，但传统东西搞得很好，通常还是有他的用处的，那比传统东西的基础很缺乏，眼里只有新资料好得多。譬如考释古文字，如果没有应有的古汉语基础，文字、音韵、训诂的基础，看到一个不认得的古文字，就用"偏旁分析法"，自认为分析出来了，就到《康熙字典》里去找，找到用同样偏旁组成的字，就认为把那个古文字考释出来了，这样考释，考释一百个字，恐怕有九十九个是不正确的。研究出土文献，如果对有关的旧文献很生疏，就会犯错误。我自己就犯过这种错误，在我的《中国古典学重建中应该注意的问题》里提到过。

这个问题其实很多人都讲过，陈寅恪啊，李学勤先生啊，我在文章里也引用过他们的话。陈寅恪的意见是很恰当的，他说必须对旧材料很熟悉，才能利用新材料，因为新材料是零星发现的，是片断的，旧材料熟，才能把新材料安置于适宜的地位，正像一幅已残破的古画，必须知道这幅画的大概轮廓，才能将其一山一树置于适当地位，以复旧观。譬如一个古代画的摹本，当然有人说是后来摹的靠不住，可是在发现不了完整的真本，只能发现真本的一些残片的情况下，如果没有摹本，就不知道这个、那个残片应该放在哪儿，更不用说完全复原了。

戴　燕：但是现在的趋势，比如一枚新发现的简，或者像中古时期的研究读一个碑，杂志都很容易登这种文章，反而你不用新材料的文章很难发表。这已经变成了一个潮流。

裘锡圭：那你们就应该多宣传陈寅恪他们的观点。陈寅恪是非常注意新资料的人，但他的意见很客观，我们应该重视。

戴　燕：就是过去人讲的，还是要从常见书里面做学问、找题目。

裘锡圭：对。过去有学者批评向达，说他重视新材料，但《资治通鉴》不好好读，其实向达在旧资料方面的基础已经比现在我们这些人好得多了。余嘉锡有个斋名，就叫"读已见书斋"，就是强调要读常见书。

戴　燕：就在您研究的领域，出土文献有那么多，即便是这样，传世文献还是很重要，您还是觉得要依靠传世文献。

裘锡圭：传世文献很重要，有些出土文献不根据传世文献几乎一点读不通，过去已经有很多人讲过了。譬如地下出土的尚有传本的古书，如果本子不好，在很大程度上得根据今本来读。最明显的例子就是马王堆《周易》，用字很乱，假借字很多，还有后来上海博物馆的战国竹简《周易》，要是没有今本《周易》，很多字的意思根本猜不出来。这是说直接可以跟传世古书对读的（当然其间也有不少出入），还有很多不能直接对上的东西，怎么念通，还得靠有关的传世文献，还有文字、音韵、训诂方面的知识。当然，我们也决不能轻视新资料，忽略新资料，一定要新旧结合，而且要尽力结合好。

郭沫若是个了不起的学者

戴　燕：除了"古史辨"派，您怎么评价其他一些前辈学者在古文字及上古史领域的成就，像一般人喜欢讲的郭沫若、罗振玉、王国维、董作宾这所谓"甲骨四堂"，他们在学术史上的意义如何？

裘锡圭：他们对甲骨学是很有贡献的，那是一个客观事实。学问是不断进步的，如果从他们当时学术界的水平讲，提"甲骨四堂"是完全有道理的。现在甲骨学的水平当然比那时高得多了。

戴　燕：在那个时代还是了不起的。

裘锡圭：的确是了不起的。

戴　燕：这里面，郭沫若是您接触过的。我们北大七七级古典文献这一班，都记得一九七八年《光明日报》有一篇文章报道您，那时候我们刚进学校，就知道您解释山西侯马盟书"麻夷非是"，受到郭沫若的称赞。

裘锡圭：他也不是特别称赞我，因为文章是朱德熙先生跟我合写的，还讲到很多问题。当然，"麻夷非是"是我的意见，我在纪念朱先生的文章里也提到过。当时自己有什么发现，就想让朱先生马上知道。那一次看出来《公羊传》的"昧雉彼视"就是侯马盟书的"麻夷非是"的时候，天正在下雨，我就冒着雨跑到朱先生那儿跟他说。

戴　燕：报道的时候特别提到这一条。

裘锡圭：因为郭沫若的文章特别提到"麻夷非是"这一点，他写了个"至确"。那是"文化大革命"后，《考古学报》一九七二年刚复刊，我们的文章《战国文字研究（六种）》发在复刊后的第二期上。这篇文章是朱先生跟我一块写的，写了以后，朱先生把文章誊清，寄给郭老，郭老交给《考古学报》登出来。我在《我和古文字研究》里也讲了这件事。郭老收到我们的稿子后，还亲笔写了封回信。当时朱先生正好在北京下厂，信是我收的，后来交给了朱先生。朱先生和我看了信都很感动，可见郭老在那时候，虽然职务很忙，对学问还抱着非常大的兴趣。他在信里肯定了我们的文章，还说，你们的字写得太小了，看起来非常费劲。似乎是告诉我们，再要给他寄文章，可得把字写得大一点。所以这封信还是很有意思的，可惜朱先生后来找不到这封信了。

戴　燕：记得您以前说您年轻时见过郭沫若。

裘锡圭：我在一九五六年到了历史所，当时我是复旦历史系的研究生，因为导师调历史所工作，就跟着一起来了，还不算是历史所的人。见到郭老在一九五七年反右之前。那时候郭老还兼历史所所长，隔一段时间就会来所一次，来的时候，所里年老年轻的研究人员，他都要见一下，那时候见过一次。反右以后就没有那个事了。他对年轻人很热情，那是他的一个优点。

戴　燕： 对他的上古时代研究，您怎么评价？

裘锡圭： 那要有历史观点，他写《中国古代社会研究》，写《青铜时代》、《十批判书》，那个时候他的水平肯定是第一流的。

戴　燕： 是一个了不起的学者。

裘锡圭： 当然是了不起的。一九四九年后他有些地方比较粗枝大叶，有些地方有所"迎合"，写了一些学术质量不很高的文章，那是另一码事。但是总的来说，他解放以后仍对学术有真挚的兴趣，也写了不少有学术价值的文章，还是很不错的。一九四九年后，他有了地位，可是对年轻人还很谦和、很热情。

除了朱先生跟我合写的，登在《考古学报》上的《战国文字研究（六种）》，我还给他寄过文章。一九七〇年代陕西新出土一个西周青铜器，"师旂鼎"，我为了解释铭文里的一句话，写了篇短文《说𤔲𤔲"白大师武"》，这篇文章寄给了郭老。

为什么要寄呢？为了说明原因，需要讲到黄盛璋先生。黄先生这个人有点怪，他开始在语言所搞汉语语法，语言所编的《现代汉语语法讲话》里就有他写的部分。他搞语法的时候，对历史地理感兴趣，后来转到自然科学史研究室，专搞历史地理，这时他又对金文有浓厚兴趣了，最后他的编制大概是在地理所，但是他主要研究古文字，写了很多这方面的文章，很有贡献。他早已退休，现在大概已经九十岁了。他从五十年代开始就给郭老写信，讨论学术问题、提供金文新资料等，他不受政治风向变化影响，"文化大革命"期间郭老不得意，他还是照旧写信，郭老大概也常给他回信。大概是"文化大革命"基本过去后不久，郭老情绪比较好一点的时候，有一次在给黄先生的信里说，我们好久没有见面了。其实黄先生虽然经常给郭老写信，却从没有跟郭老见过面，他就回信给郭老说您记错了，其实我们从来没有见过面。郭老就让他的秘书安排，请他去见了一次。

那个鼎里有两个很奇怪的字（已见于我的文章篇题），我认为应该读作"范围"，黄先生跟我说，郭老也认为应读作"范围"，我想那我这篇小文章应该先寄给郭老，就给寄去了。郭老没有回信，但他让秘书还是什么人把这篇文章交给了《考古》，后来就在一九七八年五月那一期上登出来了。

戴　燕：那时候你们就自己找个地址、贴个邮票就寄去了？

裴锡圭：科学院院长还能寄不到？寄给科学院就行了。

戴　燕：现在恐怕秘书就会给你挡了。

裴锡圭：这个事情郭老肯定是知道的，因为秘书不会自作主张把我的文章转给《考古》。后来在一九七七年较晚或一九七八年较早的时候，我写了一篇《马王堆〈老子〉甲乙本卷前后佚书与"道法家"》，有个副标题"兼论《心术上》、《白心》为慎到田骈学派作品"，文章写得很长（后来发表在《中国哲学》一九八〇年第二辑上）。这篇文章我也给郭老寄了。为什么寄呢？因为他认为《心术上》、《白心》的作者是宋钘，我的意见是慎到、田骈的学生，这个意见跟郭老不一样，所以我把文章寄给他。当时郭老的身体大概已经很不好（郭老是一九七八年六月去世的），这一次就没有回音了，秘书大概不会让他看这篇文章。

郭老大概常常把别人寄给他的、他阅后认为有学术价值的文章推荐给刊物发表，我还知道两个例子。朱德熙先生说，他发表在《历史研究》一九五四年第一期的《寿县出土楚器铭文研究》，也是先寄给郭老，郭老推荐发表的。最近读汪宁生《八卦起源》一文，汪先生在文末"补记"中说："这原是写给郭沫若先生的一封信，承他改成文章形式并推荐发表。"（汪宁生《古俗新研》，台北：兰台网路出版商务股份有限公司，二〇〇一年，第二十五页。此文原载《考古》一九七六年第四期）郭老这种无私奖掖后进的好作风，是他对学术有真挚感情的一种表现。

对我影响大的是张政烺先生和朱德熙先生

戴　燕： 您这一行里面，大家熟悉的还有几位先生如唐兰、陈梦家、张政烺等。

裘锡圭： 唐兰先生是非常聪明的人，在古文字学方面贡献很大。

戴　燕： 您是跟朱德熙先生合作最多，但朱先生有一半学问属于现代，他是怎么兼通战国文字和现代汉语的？

裘锡圭： 朱先生后来主要研究现代汉语，但他念大学的时候喜欢古文字，毕业论文也是做古文字的。一九四九年后因为工作上需要，他才主要搞现代汉语。现代汉语跟古代汉语当然有相通的地方，最好是研究现代汉语的人也懂古汉语，研究古汉语的人也懂现代汉语。

戴　燕： 朱先生原来在西南联大，他的老师是谁？

裘锡圭： 他听过唐先生的课，他的毕业论文导师是闻一多。

戴　燕： 闻一多研究上古成就如何，应该怎么评价？因为他也做文学，我知道学界评价不一。

裘锡圭： 他搞古代，文学我不管，他的古代文字研究，也还是有一定价值的，但是应该说不是什么大家。

戴　燕：这里头是不是有训练不同的问题？

裘锡圭：是精力花了多少的问题。闻一多古代的基础还是不错的，但古文字方面的工夫下得还不够。

戴　燕：学术上对您影响最大的学者有哪些？

裘锡圭：这很难说，因为在学术上，后人总是广泛吸收前人成果的。从跟我个人的关系上说，当然是张政烺先生、朱德熙先生对我的影响最大，好像没有能相提并论的第三个。当然，我的导师胡厚宣先生对我也有影响，就是我纪念胡先生的那篇文章讲的，胡先生领我进了学术之门，但是全面地看，我觉得还是跟前面两位先生不能比。

戴　燕：学术上的理念跟他们比较接近。

裘锡圭：对。

戴　燕：您跟朱先生这么多年除了古文字方面，还有其他合作吗？

裘锡圭：我的古文字方面的文章，牵涉到语法比较多的地方，朱先生有时亲自动笔改过。"文化大革命"后，我在《中国语文》一九七八年第三期上发表的《汉字形成问题的初步探索》那篇文章，朱先生也给我提过很多修改意见。当时我不大会写文章，初稿完成后就请朱先生看。朱先生看了说，你这文章不像一篇论文，就让我改，改了之后还是不行，又提出意见让我改，至少改过两次，也可能改过三次。最后一次再拿去，我能看出来朱先生也不是很满意，但是大概觉得按我的能力，也只能改成这个样子，就不再让我改了。我后来写《文字学概要》，有些问题也跟朱先生讨论过。"字符"（指构成汉字的符号）这个术语，就是朱先生提出来的。

戴　燕：《文字学概要》是一本非常好的入门书，既专门又通达。

裘锡圭：那里边还是有错的。现在是修订改版了，初版印刷超过二十次，修订以后也重印了一次。

戴　燕：您把那么专门的东西，写得那么清楚明白，大家都能用得上。

裘锡圭：实际上并没有很好地做到这一点，朱先生在这方面对我是有批评的。改版时我在书的前面加上了朱先生批评我的信，朱先生指出《概要》行文好多地方不够明白通畅。改版是铅印的，有些字本来是对的，反而印错了。因为时间紧，出版社和作者都未能仔细校对，对不起读者。等有空的时候，要做一个勘误表，在网上公布。

戴　燕：朱先生的文章写得就跟说话一样，读起来很舒服。

裘锡圭：语法方面有些文章也不是随随便便就能真正读懂的。朱先生写文章十分认真，朱师母讲过一句很形象的话："德熙写一篇文章，就像生一场大病。"他写文章总是改来改去，对自己要求很高。他跟我合写的那些文章，最后都由他亲自定稿，亲笔誊清（当时还不用电脑）。

戴　燕： 有个美国人何伟写了一本《甲骨文》，里面讲到陈梦家的一些遭遇，最近不少人看到，于是又有人谈起陈梦家以及他在学术上的贡献。您过去已经写过评论，今天来看他的《殷墟卜辞综述》、《汉简缀述》等书，应该怎么评价？

裘锡圭： 陈梦家甲骨学的水平，我是肯定的。他的《综述》是通论性质的书，能讲得这么深入、全面，实在不容易。尽管书中的有些内容已经过时，但现在还没有同类著作能在总体上超过《综述》。陈梦家在西南联大就教过文字学，他在文字学方面也有很好的见解，我的《文字学概要》里面引用过他的说法。但是他文字、音韵、训诂的底子并不好，就是聪明，当然也很勤奋。《综述》里有一些常识性的错误，说明他文字、音韵、训诂的底子不好。尽管这样，在考释文字方面，他也还是有贡献的，不是很多，但还是有别人没有看出来而他看出来的例子。在汉简方面，大家也承认他很有贡献，就是有些粗枝大叶，我们把他引甲骨卜辞和汉简所注的出处核对一下，就能发现大量错误。在金文方面他也有贡献，这也是大家都承认的。总之，他是一个很聪明、很有贡献的学者，但不是一个很谨严的学者。他写文章也比较随便，有时候很浓缩，看的人要仔细看，有些地方初学的人很难看懂，或者认为自己看懂了其实没看懂，因为他写的时候，并不是一步步都交代得很清楚，那些他以为累赘的话就不说了。

戴　燕：您见过他吗？

裘锡圭：我看见过他两次。一次是我在历史所时，参加科学院（当时社会科学院还没有分出来）召开的一次批右派的会，车从历史所出发，到考古所停下来，陈梦家也是一个被批的对象，就看见他上了车。他当时还是不在乎的样子，看不出他非常沉重。到"文化大革命"他就受不了了。听传闻说，陈梦家被迫跪在地上，所里有人往他头顶上吐了一口痰，他回家后就自杀了。这种侮辱知识分子往往受不了。这里讲一件王力的事。"文化大革命"中，北大很多教授挨批斗，王力屡次受批斗，好像有点习惯了，不是很在乎了。但是有一次批斗会刚结束时，王力还在台上低头站着，我们中文系一个个儿较高的年轻教师出会场时走过他身旁，在他光秃秃的头顶上用手轻轻拍了一下，我看见王力的眼泪就流下来了。所以在反右时，我看到陈梦家还并不太在乎，在"文化大革命"中就受不了，自杀了。还有一次看到他，是在反右以后，可能在六十年代初，去考古所，在一间屋里查书，他那时候大概做《考古》的编辑工作，也去查书。但我跟他没有交往，没有打过招呼，没有讲过话。

戴　燕："文革"时，北大清华都有教师加入"梁效"，您和朱德熙先生都没有参加，是不是因为不够"入世"？

裘锡圭：当时哪里有资格参加？但是我还给"梁

效"做过事情。当时毛主席眼睛已经不好了，找了人民大学中文系的卢荻给他念书，念得较多的大概是旧诗词。有一次交给"梁效"一部诗词选，要求注音释义，"梁效"就从中文系找了一些教师来做这件事，我也在里面。还有当时"四人帮"想批周总理，需要把《四书集注》中《论语》的《乡党篇》翻译成白话文，通过篇中所记生活上的一些规矩批周总理伪君子。这就需要把《乡党篇》跟朱熹的注一块翻译成白话文，当时找了中文系郭锡良等人去做这件事，我也去了。我现在还保存着当时印的一个薄薄的线装本子。

戴　燕：这个没收在您的文集里面吗？

裘锡圭：那是好多人一起做的，当然不会收在我的集子里。

关于文化人类学、芝大名誉博士、《马王堆简帛集成》等

戴　燕：您过去写《寒食与改火——介子推焚死传说研究》、《杀首子》，这些文章影响都很大，以后还会不会写这一类的文章？

裘锡圭：我现在大概很难抽出完整的时间来写这种文章了。但是以后想写的古代思想方面的有些文章，恐

怕还是要用到文化人类学方面的知识。譬如关于道家所说的"道"，过去我讲过但没有讲透。早在上世纪三十年代，李玄伯（即李宗侗）还有后来一些人就已经讲过，中国古代的"道"、"德"，原初跟文化人类学讲的原始巫术思想中的精气、玛那之类东西相似。它是一种力量，吸收玛那越多，人就特别聪明强壮。宝石也是包含较多精气的东西。

戴　燕：玉也是这样的？

裘锡圭：对，玉也是这样。好多人讲了。

戴　燕：其实这种文章最难做，既要有通观，又要知道边界在哪，不能胡说，不能没有根据。

裘锡圭：重要的是对中国自己的有关资料要真正钻进去，不能只有浮光掠影的印象。对于西方的，我们实在是知道得太少，但是西方有些书还是能给我们提供很有用的资料的。

戴　燕：您的方法，也就是文化人类学或者比较人类学的方法。

裘锡圭：上世纪三十年代前后的一些学者，就已经用这种方法来研究我国古代文化了。

戴　燕：您读的外国书里，我们知道有《金枝》。还有什么是您喜欢的？

裘锡圭：我过去对一本小书，前苏联学者柯斯文的一本小书《原始文化史纲》很喜欢，读了以后感到真是言简意赅，深入浅出。

戴　燕：那是很早读的吗？

裘锡圭：应该是"文革"前。

戴　燕：您哪一年成为芝加哥大学名誉博士的？

裘锡圭：应该是二〇〇〇年。

戴　燕：中国人里，之前有胡适，然后就是裘先生吧？

裘锡圭：并不是他们仅仅把名誉博士授予这么少的中国人，这大概仅仅是指人文学科方面的。

戴　燕：您以后还跟他们有什么合作？

裘锡圭：合作嘛，就是跟芝加哥大学东方语言文化学系的夏含夷教授有些合作，名誉博士也是他推荐的，因为他的研究领域与我相近，比较了解我。当然，他推荐以后还要征求这方面不少同行的意见，才能评定。

戴　燕：是很不容易的。

裘锡圭：要看什么大学，芝加哥大学授予名誉博士还是比较认真的。

戴　燕：您这个领域比较特殊，海外研究的大体水准怎么样？

裘锡圭：研究中国古代的人越来越少，那是个客观事实。因为有出土文献还好一点，如果没有出土文献，研究的人大概会更少。水平嘛，在中国古代文化，包括出土文献的研究方面，我们没看出来的问题他们看出来了，这样的情况还是不少的，当然也有一些没有价值的东西。其实，我们自己的研究也有不少是没有价值的。

戴　燕：海外学者有时候会抱怨看到东西太晚，他们不容易做。

裘锡圭：有好多东西，我们这儿也是看不到的，没发表的话也没办法。

戴　燕：现在新出来的简这么多、新出土的东西这么多，您以为未来最值得期待或者说我们最应该关注的有哪些？

裘锡圭：这个东西是可遇而不可求的。清华简出来以前，谁也想不到有这么一批东西，它对研究古代的经书用处很大。

戴　燕：还有北大的、岳麓书院的等。

裘锡圭：从时代和内容来讲，清华简最重要。以后还能不能出这样的资料，还能不能出更重要的资料，这都很难说。地下资料的出土有偶然性，有时候很短的时间里，出现好几批重要的，有时候好多年都没有重要的。要说期待，我最期待什么时候挖出来一个古代的图书馆，那就好了。

戴　燕：这次把马王堆的东西重新做了一个集成，有哪些部分是我们应该注意的？

裘锡圭：里面的东西都应该注意。拼上了好多帛书碎片，释文改正了好多，注释里也有点新的意见，所以还是应该注意的。遗憾的是，一方面是催得太紧，博物馆、出版社都在催，另一方面我们不能够集中精力单打一搞这个东西，很遗憾不能把工作做得比较完满。我们六月份就要开《集成》修订讨论会，希望大家多提意见，现在自己就感到里面有好多错误，好多没有互相照应的地方。有些部分出书前已经认识到需要做很大的修改，但来不及改了。《集成》的价值是应该肯定的，一是把过去没有发表的资料都发表出来了，二是整理水平在过去已有的基础上有较大提高。但是在出版前就已感到要修改，而且修改的地方还很多，这也是很遗憾的。

京沪生活及读书爱好

戴　燕：您说过中学时对清史有兴趣，大学时对古代社会性质的讨论也有兴趣，这些对您的历史观、也就是对中国历史的整体判断，有没有影响？

裘锡圭：我很少考虑到中国史整体性的问题。我后来考虑的问题主要是先秦秦汉史方面的。我很少去考虑古代历史跟现代社会的关系，很少考虑中国人为什么是现在这个样子，中国人的思维方式跟外国人有什么不一样等问题。

戴　燕：您在北大待了四十几年，十年前回到复旦。您觉得过去讲海派、京派的学风，比如鲁迅有一个讲法就说京派的学风近官，有官气，海派的学风近商，有商人气，还有没有道理？

裘锡圭：我从一九六〇年底到二〇〇五年离开，在北大共四十五年。海派、京派的事情很难讲，尤其不能完全从地理上来讲。这个东西是有的，京派其实也不是近于官，我们现在理解的所谓京派，应该是比较谨严的、比较注重使用史料的正确性、讲话比较有根据的那种学风。但是像郭沫若算海派还是京派，就很难说。所以过分强调京派、海派没有意义，主要是要看这个人谨严不谨严，瞎说不瞎说。过去在上海，瞎说的人多一点，这是个事实，现在北京瞎说的人也不少了。还是要看一个人做学问实在不实在。

戴　燕：您如果自己给在北京的四十五年做一个总结的话，会怎么说？

裘锡圭：总结这个话太笼统了，总结什么东西？

戴　燕：比如您生活或者工作方面，习惯不习惯，始终习惯上海还是习惯北京？

裘锡圭：我回上海也没有感到不习惯，那时从上海到北京也没有不习惯。我倒是感到因为现在学术交流、资讯传播都比较发达，如果是以前，到了上海肯定会感到学术环境不如北京，现在即使有这个感觉，也不严重。当然有些新资料我看不到，但我在北京也不见得看得到，我也不是一个很活跃的人，也不是别人都会来找的那种人。

戴　燕：您的朋友是在北京的多还是在其他地方的多？

裘锡圭：哪儿都不多。

戴　燕：您有时间读闲书吗？

裘锡圭：现在应该是很少了。

戴　燕：以前呢？

裘锡圭：以前我看侦探小说，看雨果、狄更斯、巴尔扎克、契诃夫、托尔斯泰，很喜欢看，后来就没时间看了。

戴　燕：您以前还是喜欢文学的。我还记得我们上学时候您还唱戏，您是正经学过、登过场的？

裘锡圭：并没有，就是自己喜欢，跟着唱片、录音自己学的。

戴　燕：您喜欢什么剧目？

裘锡圭：我主要还是喜欢老生。

戴　燕：耽误您好多时间，今天到就这儿，谢谢裘先生。

朱维铮

"国学"答问

朱维铮

1936年生于江苏无锡。1960年毕业于复旦大学历史系，留校任教。2006年被德国汉堡大学授予荣誉博士学位，2012年去世。主要著作有《走出中世纪》、《走出中世纪二集》、《音调未定的传统》、《求索真文明：晚清学术史论》、《维新旧梦录》（合著）、《中国经学十讲》等，主编有《中国近代学术名著丛书》等。

"国学"的前提是什么?

我赞成讲国学,但现在讲的"国学"有很多矛盾。首先,"国学"怎样界定?在辛亥革命以前,"中国"从来是非正式的历史概念,它不是一个国名。清末学者,如黄遵宪、梁启超等,就已在质疑了,说以前中国只有朝名没有国名,所以提出来要确定一个正式的国名。

"中国"的概念起于何时?学界有争论。比如同样用"二重证据法",为这个词寻源,胡厚宣以为殷代必已有"中国"意义的称谓,于省吾认为起源于周武王时期。然而相信古文献必有依据的人,如柳诒徵著《中国文化史》,还是坚持"中国"称名更早,始于夏朝。

人所共知,征服殷朝的周人,自称华夏。华就是花的意思,周朝占领了相传是夏朝中心的河洛地区,凡是经周分封的诸侯国都自称是华夏。不过东周尚未灭亡,好辩的孟子已说相对于夏朝,殷是东夷之人,周是西夷之人，他们都是夷。一九三一年傅斯年作过一篇《夷夏东西说》，就显然根据孟子的说法，推论西夷周是如何自居为"中夏"，而把商朝贬为东夷的。这是篇很有名的文章，到现在还没有被推翻。台湾学者王尔敏也有篇文章讲晚清时候知识分子如何看"中国"这一概念。其实他们是引申一九〇七年章太炎《中华民国解》。章太炎这篇文章提出"中国"并非只是相对于"四裔"的族名，而且也是"汉土"疆域的名称。

但涉及这一点，章太炎就陷入了一个非常狼狈的境地，虽然《中华民国解》提出了"中华民国"的国名，可是"中国"本来是一个变动不居的历史概念，你把他固定下来，就是指秦汉以后"汉土"的疆域，说这就是中国，其他地方你都不算了？那些边疆民族建立的大小王朝的领土，你都不算了？作为同盟会鼓吹"排满革命"的号手，章太炎为了反清，把鲜卑、契丹、女真、蒙古统统都算作外夷，有时代意义，却是反历史的。

这也就是我们讲"国学"时必须要考虑的另一个重要问题，即必须确定我们"国"的空间范围。当年谭其骧先生做《中国历史地图集》时就面临这个问题，以哪个"大一统"时代的疆域作为基准？他认为应当以康熙时清朝版图当作历史国的基准，因为康熙时代中央行政的力量一直伸到了比现在广得多的疆域，国土面积较诸沙俄等借军事侵略强占以后的晚清领土大得多，属于真正的统一帝国。但谭其骧先生的提议遭到反对。反对的一个理由，据说是中国自古以来就是大一统，如果说是这样就缩短了中国历史，那是站不住脚的。你去看欧洲，它的近代民族国家分化、组合的自然政治地图，直到十九世纪还在改绘。德国统一在晚清的同治末，美国立国也不过始于清乾隆四十一年（1776），直到清亡以前才最终建构完成现在的联邦。比较起来，倘说中国大一统定型于康熙时代，时在十七世纪末十八世纪初，岂能说晚？其实康熙时代的版图和元代中国相比已经缩小了。蒙元统治全国九十年，以后它和它的后裔鞑靼、瓦剌等，又在北中国与明朝长期周旋。明代中国史，可说是由明人、蒙古、回回和满洲等共同缔造的，他们对中国传统文化巨大而悠远的影响，迄今缺乏整合式研究。如果讲国学，要不要考虑到这段历史？

再有，现在不少人将国学解释为孔子和儒学，认为这就是国学的核心。如果你要去跟他理论，他就说是啊，我和你观点不一样。观点么，人人都可以发表，你可以坚持自己的观点，但我仍然要坚持一条，你既然讲历史，既然讲古文献，你就该守点规矩，没有根据的话不要乱说。我们国家现在五十六个民族，虽然少数民族人口没有汉族多，但他们分布的区域，用周恩来的话，就是占中国领土的百分之六十。很多民族或族群是不相信孔夫子的，比如回族、维吾尔族信伊斯兰教，西藏、蒙古信喇嘛教，还有信萨满教或万物有灵的。即便是汉族中间也有一部分保存自己的风俗，对孔子的一套并不真佩服，如闽、台、粤民众信妈祖就远过于信孔子。况且汉族本身就是一个混合体，有它自身形成的历史过程。

大致说来，现在的汉族不是汉朝人。"文革"以前史学界曾有五种课题的争论，叫作"五朵金花"，其中一朵就是"汉民族形成问题"。当然分歧非常之大，但有一点通过讨论变得比较清楚，就是形成时间，在公元四世纪至六世纪之间。南北朝时，特别是北朝的鲜卑人，分别胡汉，胡人一等，汉人二等，这样慢慢形成一个"汉人"的概念。

但是有的汉族中心论者，好说汉族与古华夏各族类一脉相承，那是非历史的谬说。秦人原是西戎，汉朝统治者是楚蛮，隋唐是我们中世纪中最辉煌的时代，特别是唐朝前期，可称是当时世界的大帝国，但是追究一下王室的血统就知道，虽然杨坚、李世民都声称自己是汉人，可他们的母亲和皇后分明都是鲜卑人的后裔，他们是胡汉混血儿，很多所谓汉晋儒学鼓吹的价值观，在唐人那里都没得到贯彻。在后来的孔孟之徒看来，唐朝宫廷相当混乱，儿子可以把父亲的妾立为皇后，还可以娶自己近亲的姐妹，这些在《礼记》里都规定是不允许的，所以朱熹说"唐人大有胡气"。也就是说，在汉宋经学家看来是非礼的，在不讲夷夏之辨的统治者的认识中则未必。但你能说它不是国学么？直到现在人们还在大讲炎汉盛唐，以它为荣。

而且在中世纪几度民族大迁徙以后，哪还有什么纯种的汉人。说孔子和儒教是国学核心的人，不妨看看山东孔家。山东是个大平原，便于北国骑马的民族驰骋，哪一个边疆族入侵后都在那里待下来，正如欧洲中世纪蛮族入侵罗马帝国造成的情形一样，血统混合，已非齐鲁族类旧貌。据说孔子后裔是中国最古老的家族，但多年前我仔细研究过孔家的系谱，发现自孔融被曹操灭门以后，所谓孔子嫡系的血统传承疑点极多，即如金宋二朝，南北二孔的血统真假，便混淆不清，以占地利的北孔来说，血统不是屡经中断么？不是已掺入满清皇族的基因么？这很值得如今起劲地续家族系谱的倡导者给出科学论证。

　　所以现在讲的"国学"，没有一个衡量尺度。后现代史学认为历史是历史学家造出来的，在这种情况下你没法和那些人讨论"观点"。但是你可以不承认有客观真理，却不能不面对由现状昭示的客观事实。如果讲"国学"，就必须先确定两个前提：第一，我们现在中华人民共和国的疆域，包括台湾在内，这是我们"国"的空间范围；第二，要承认中华民族是个复合体，"国学"一定要包括各个民族群体。怎么找一个共识统起来？最好就是尊重民族、信仰、居住空间、生活方式等的多元性，就必须承认我们都是中国人。要讲"国学"，就非得讲这一条，而不能说国学的核心就是孔子和儒教。

历史上有没有不变的"儒学"?

八十年前周予同先生批判北洋军阀鼓吹"尊孔读经",已将其称作"僵尸的出祟"。他没有料到,这个僵尸,在八十年后依然"伸出可怖的手爪"。这正是我在先生去世二十多年后,仍以为拙编《周予同经学史论著选集》,仍有三版价值的缘由。

周先生反对混讲中世纪儒学,强调西汉中叶以后的经学非儒学,而且经学早有今古文区别。据此,我以为应该认知自汉至清统治学说的历史性,应该着眼于经学的时空连续性,并非时空同一性,因而研究中国经学,必须论从史出,不可以论带史乃至代史,如今之儒学或国学论者的非历史谬说。

中世纪经学的变异非常明白。武帝以后所有的皇帝,他们关心的是统治术,只要你给他提供所谓"君人南面之术"。这是中国经学传统的一个特色,就是"学随术变"。

仅就孔子在历代的称号来看,就经历了几次大的变动。在汉晋间,周公是先圣,孔子是先师。到唐太宗时,把周公逐出国子学,将孔子升级为先圣,颜回做了先师。原因就是汉武帝死前托孤,画了周公负成王图赐给霍光，以后僭主如王莽、曹操、司马懿父子，直到杨坚、李渊，全都自命周公，唐太宗因此很警惕。而颜回是最听老师话的，庄子说他对孔子"亦步亦趋"，因此周孔之道就变成了孔颜之道。唐宋经学更新运动中，孟子升格，又由孔颜之道变成了孔孟之道，王安石变法是转捩点，最终由朱熹完成。到了明初，朱元璋连孔子"往圣"的地位都不能容忍了，只说是先师。孟子更不讨他喜欢，他命人将《孟子》删除八十多章，凡涉嫌冒犯君主独裁的词语全部删光，只因为他想与朱熹攀亲，所以勉强承认朱熹表彰的"亚圣"。可是直到晚明王阳明学派压倒钦定朱学，孔、曾、思、孟的"四书"系统，才由东南扩充到京师，累得满清入主中原以后，用了近百年才扭转意识形态领域内尊王抑朱的态势。

再有一例，就是明清关于忠与孝的解释。孝在晚明已被冲击得很厉害，嘉靖皇帝跟正德皇帝是堂兄弟，继位后，要认生父做本生帝，闹起"大礼议"，死了那么多人，他的孝悌在哪里？到了清朝，满蒙汉八旗无不严分主奴，乾隆干脆明确强调"移孝作忠"。

忠孝忠孝，本来是先讲父子之亲，然后讲君臣之义。乾隆把它颠倒过来，先讲君臣之义，再讲父子之亲。假若忠孝不能两全，可不可以为孝牺牲忠？明朝开始，关于"夺情"的争论就很凶，像张居正那样的权臣，因为没有回家服丧，都被时人攻击。这个问题，在清朝找到了解决方式。康熙时重用李光地，李母去世后他不回去守孝，康熙想了一个办法，表面上是惩罚，命令李光地服丧九个月，但不许回乡，就住在北京。这已是在调和忠与孝的矛盾，要求大臣先要服务于君主。到了乾隆，干脆宣布"移孝作忠"，指示忠孝不能两全，第一位的是忠。

经学"学随术变"，"术"的历史变化非常复杂。自秦至清，所谓大一统，除了蒙元、满清两帝国以外，没有一个中央王朝的统治空间覆盖民国初年曾拥有的全部疆域。除元、清的军事征服外，任何王朝的统治术再高明，也仅能吸引域外诸国朝贡，却不能认藩国为疆土，但你如果讲变化，就不能把它们撇开。比如你要讲北朝的经学，你能撇开鲜卑族那套东西吗？同时代中国宋朝，最多时分裂成了六个国家。疆域的狭小影响到了士人的眼界，比如朱熹的见解狭隘，原因就是他从来就是缩在东南一块。一个人的活动范围，与他的眼界、他的思路、他的看问题的方法有莫大的关系，似当值得史家注意。

"国学"、"国粹"怎样变成国货？

一九〇〇年以前中国没有"国学"一说，只有跟西学相对的中学，跟新学相对的旧学。"国学"和"国粹"的概念来自日本。

一九〇二年吴汝纶被清廷内定为京师大学堂总教习，赴任前到日本考察教育。他在日本三个月，把听过的演说，把会见的人物和许多"笔谈"记录，整理成《东游丛录》。书中记有日本教育家古城贞吉的赠言，劝告中国人不要放弃经史百家学问，因为欧西诸国学堂都非常重视自己的"国学"。这是我看到的在中国人公开出版物中最早提到"国学"一词，指各国本国之学，是个泛称，不是专指中国的。

"国学"一词为中国人所用也是在一九〇二年，出现在黄遵宪给梁启超的一封信中。当时梁启超与章太炎想办《国学报》，将筹划纲目寄给在梅州的黄遵宪，希望他一起编辑。章、梁在日本策划此事的经过与纲目内容，均不详，仅见于黄遵宪这封反对办《国学报》、反对在中国提倡国粹的长信。

他反对的理由之一，就是中日情况不一样。日本人自己的旧东西太少，没有"日本学"，开始是崇拜隋唐，"举国趋而东"，后来又膜拜欧美，"举国趋而西"，东奔西逐，如醉如梦，等到明治维新强大了，才发现自己身居"亡何有之乡"，所以要讲"国粹"。它的国粹就是日本传统的神道教，加上从隋唐吸取的汉文化。黄遵宪说中国不是没有旧东西，"病在尊大，病在固蔽，非病在不能保守也"。他和梁启超不一样，梁启超要学明治维新，先破后立，先把旧东西赶光，然后接受新东西。黄遵宪恰好相反，他认为日本明治维新是先立后破，不管旧的东西，先全部接受西学，等自己强大了再去清理旧的东西。

中国人开始讲"国粹"是在一九〇三年，章太炎在上海西牢里写的《癸卯狱中自记》，第一句话就是"上天以国粹付余"，意为自己担负了弘扬汉族文化精粹的使命。然后，他的一批同情者在上海组成了国学保存会，一九〇五年初出版《国粹学报》，一直到辛亥革命才停刊。这群人奉章太炎为精神领袖，论调基本和他一致：第一，始终坚持排满。第二，宣传文学复古，就是欧洲文艺复兴的早期译名。这也是章太炎提出来的，他说意大利的中兴就在于文学复古，我们中国也要走这条路。第三，看来很荒唐，但还没有在科学上被推翻的中国人种西来说。刘师培、邓实他们都曾在《国粹学报》发表文章"思祖国"，说我的祖国在哪里，就在古巴比伦那个地方。因为章太炎等人不承认满洲君主解释的孔孟道统，所以追溯华夏的来源，将神农、黄帝都说成来自西方的文明表征，而暗喻满人也属于土著的野蛮人。

一九〇七年七月，章太炎出狱到东京，在留学生欢迎大会上说，现在是排满革命的实行阶段，有两件事最重要：第一"用宗教发起信心，增进国民的道德"；第二"用国粹激动种性，增进爱国的热肠"。他自己解释说，建立宗教，孔教、基督教是不能用的，因为"孔教最大的污点，是使人不脱富贵利禄的思想"，"我们今日想要实行革命，提倡民权，若夹杂一点富贵利禄的心，就像微虫霉菌，可以戕害全身，所以孔教是断不可用的"。这一点应得今日儒教论者正面回应，躲闪是不行的。基督教呢？它不是叫你崇拜上帝，而是"崇拜西帝"。但一个民族也不能没有信仰，否则它的道德、伦理就没有尺度，他认为最能为大众接受的是佛教，因为"佛教最重平等，所以妨碍平等的东西，必要除去"，很合废君权、复民权的要求，但佛教中也有许多的"微虫霉菌"，所以一定要好好改造。章太炎特别热心跟印度等东亚南亚积弱民族联合，于一九〇七年四月在日本组织"亚洲和亲会"，约章提出："本会宗旨，在反抗帝国主义，期使亚洲已失主权之民族，各得独立。"可知反帝口号，早在民国前五年便由章太炎等提出了。章太炎还主张亚洲各个被压迫民族，各自发扬其国粹，搞成一个信仰体系，在其中和谐共处。当然，这至今仍属空想。

于是，他要"保存国粹"，解释也很分明，宣称保存国粹不是要人"尊信孔教"，而是要"爱惜我们汉种的历史"。什么是汉种的历史？也不是"二十四史"。他说第一是语言文字，第二是典章制度，第三是表征民族精神的人物事宜。可知当年章太炎他们把"国学"、"国粹"这些概念从日本引进到中国来、改造成中国化的东西，目的是要"激动种性"，种性用现在的话来说就是遗传性，他们说中国有好的传统，就是被满清压制了。当然，他所谓的排满只是在当时形势下的一个对策，所以辛亥革命刚起来，章太炎和孙中山就不约而同声明排满是要倒掉满清腐败专制，决不排斥满人，新建的中华民国，提倡"五族共和"，而中华民国最早的国旗就是五色旗，代表五个民族，汉、满、蒙、回、藏。民主共和的先驱者，眼界总比他们的不肖子孙开阔，由《民报》、《国粹学报》及同时代数不清的革命刊物宣扬的"国粹"论的实际内容和整体取向，已有历史的明证。

如何才能自由讨论？

如所周知，一九〇五年孙中山在日本组建同盟会，十六字纲领的前八字，"驱除鞑虏，恢复中华"，就是照抄元末造反派领袖之一朱元璋的"北伐檄文"（1367）。孙中山没有做成朱元璋，充当民国首任临时总统仅三个月，便被袁世凯取代了，但这个首届民国政府，却给由袁世凯到蒋介石的历届军阀政府，留下一个大麻烦，即在民国首任教育总长、与章太炎同为光复会名誉首领的蔡元培主持下，立法取消全国学校"尊孔读经"。从此直到后来蒋介石搞新生活运动，恢复尊孔读经，始终被拥护民主人权的学者斥作复辟专制的前奏。（参看周予同《僵尸的出祟》，1926 年）

同样如所周知，七十年前吴晗的《朱元璋传》（原题《从僧钵到皇权》），揭露朱元璋由流氓而成开国皇帝的历史过程，是怎样引起即将进京的未来领袖不悦的。

现在说的"国学"，其实就是从朱元璋开始的那一套。按照皇帝的意志来规定孔孟之道该如何解释，由皇帝规定经典该怎么解释，由皇帝规定该采取什么样的生活方式才算我忠实的臣民。事实上，由最高统治者规定的"孔孟之道"，已经不是真正的孔学或孟学。我讲经学史时有人质疑，说经学史能这样讲吗？我说可以，因为我首先给了一个定义，那就是中国的经学不是孔学，也不是泛称的儒学，它是从公元前二世纪，汉武帝规定的所谓"罢黜百家，独尊儒术"后确立的一套东西，只有国家承认的才叫"经"，只有国家承认的标准解释才叫"传"，所以我说"经学是中国中世纪的统治学说"。

孔子及其学说的命运，从进入中世纪就非常不妙。秦皇扫六合，孔子的徒子徒孙也告别在野状态进入体制内，成为七十"博士"的一部分。但他们依然按照在野时的状态行事，就造成了私学与国家意识形态间的冲突。秦皇反战国百家，根源就是一统天下之时，私家学说必须让位于国家意识形态，"今圣"只能有一个，可以被称为圣人的，除了在位皇帝以外，只能是死去的往圣，而且这个往圣还必须得到今圣的肯定。

后来汉武帝的独尊儒术，其实也是政治角力的结果，而非学术讨论的选择。武帝本人最有兴趣的是"君人南面之术"，而不是儒家某派的义理。在他统治的五十多年里，只有一次向学者询问过《尚书》一篇解释，另外主持公羊、穀梁两派的辩论，却上了狡黠的董仲舒、公孙弘的当，误认《公羊春秋》才是孔子《春秋》的唯一解释。但他对孔子的价值判断很明确，孔子只能是素王，来到人间是为三百年后的圣人刘邦预创一部宪法，证明这个无赖皇帝及其子孙享有"天意"，因而其王朝统治永远合法、合理。可怜的孔子，此后两千年，只能听凭历代大小王朝的君主、僭主和他们的辩护士，用种种白粉红粉，涂抹成先知、神巫或小丑，哪个是真的孔子？

"五四"以来，不断在提倡国学和废除国学间摇摆反复，并且时常把国学的核心定义成孔学和儒教。一个世纪中每隔一段时间就要"发作"一次，时而尊孔时而反孔，这正是自近代开始的"中国向何处去"的问题的反映。一谈及国学，孔子或穿着"古衣冠"，或穿着"中山装"，而今不知穿上什么装，就要依照不同的"术"，做出各种不同的姿态。看来，我们总改不了陈云早就指责过的"唯上"习惯，总把权力混同于真理，说假话，乃至借机钻营，已成学界风气。如果改不掉这种劣习，就不可能有真正的学术研究和学术自由，不可能有真正的百家争鸣。

陆 谷 孙

你这一生离不开它

陆谷孙

1940 年生于浙江余姚。1962 年毕业于复旦大学外文系，1965 年研究生毕业后，留校任教，复旦大学杰出教授，2016 年去世。主要著作有《余墨集》、《余墨集·二集》、《莎士比亚研究十讲》等，翻译的主要作品有欧文·肖《幼狮》、阿瑟·黑利《钱商》、爱德华·李尔《胡诌诗集》、诺曼·麦克林恩《一江流过水悠悠》、王世襄《明式家具》等，主编有《英汉大词典》、《中华汉英大词典（上）》等。

希望外文系是个好的求智场所

戴　燕：陆先生现在还坚持上课，是每一学期上两门课吗？

陆谷孙：以前有一门隔一学期上，有一门贯彻始终的，这学期就是本科四年级的散文选读。学生好些是外面的，我自己的学生逃课的恐怕很多，你想嘛，到了四年级，有的要去找工作了。

戴　燕：您读书那会儿，复旦外语系什么样？就您那一届，招了多少学生？

陆谷孙：有四五十个学生，就英语一个语种。

戴　燕：这四十多个同学进来，会设想将来毕业了做什么？

陆谷孙：谁也不必设想，等待统一分配。到时候，暑假里学生都走了，毕业班不能走的，就在寝室里面打牌、下棋，等着。某一天下午通知来了，说开会，然后跑到一个教室里面，我们的支部书记穿个木拖鞋，就像日本人的那种木屐，那时候还不是塑料的。

戴　燕：您毕业的时候是一九六〇年代初?

陆谷孙：是一九六二年。

戴　燕：您这一届同学毕业以后从事外语工作的有多少?

陆谷孙：一部分当了大学老师，比较少，多数都是到北京的各部，就是"×机部"等的。我们那班毕业前就陆续有人调进外交部去学所谓小语种，后来，一九五九年西藏出事，中印开战，我们叫自卫反击战，那时候我们班就有六个同学提前分配到西藏，随军做翻译。

戴　燕：其他分配出去的都做翻译和看资料?

陆谷孙：做翻译，然后，大概就是看些科技资料啊，跟他那个专业有关的资料，然后做摘译。还有一部分，就是像我们这种留校做教师的，留在大学里。那么最"差"的去处就是到中学做教师了，一个错划右派的分到偏远的小地方。还有的，像有一个党员去了高干子弟的北京景山学校。

戴　燕：复旦的外文系，院系调整之前就有吗?

陆谷孙：以前就有。调整的时候，复旦是收益大户之一。就外文系而言，譬如说，刘德中、杨必、葛传椝、我的老师徐燕谋，都是外边过来的，有的是教会学校，圣约翰、沪江就来了好些人。以前的老复旦也留下几个，伍蠡甫就是。

戴　燕：当时的外文系，比如跟上海外国语大学有什么不同？

陆谷孙：相当不一样。上外的外语系本来只有一门，就叫俄语专科学校。一九四九年后一边倒，学苏联。你别说也蛮厉害的，像我中学的六年，全部是俄语，没有学过一年英语。所以我是凭俄语考英语专业的，那个时候可以这样。考进来以后当然跟不上，同学们有的是英语学过好几年的，那么我们就分在慢班里。

戴　燕：当年的复旦外文系，重视的是外国文学吗？

陆谷孙：我们这里好像一贯比较重视文学。语言学呢，也学一点，只不过就是入门。譬如说研究生以后，或者是在高年级，有语言学概论。概论，再基础没有了，就是什么叫语言，什么叫言语，什么叫共时，什么叫历时，这种普通的知识性的东西。

戴　燕：上世纪五六十年代的英语教材用的是什么？

陆谷孙：上世纪五六十年代，教育革命高潮那一时期，批判资产阶级，全学《北京周报》、《中国建设》什么的，以时事、时评为主。但是"非高潮"的时候，还有在校最后一年，就是"调整、巩固、充实、提高"八字方针那一年，也不光学《北京周报》、《中国建设》这类东西。不是三年大饥荒吗，后来就来一个"调整"时期，那个时候就比较宽松了，有"高教六十条"，西洋的东西就学得比较多一点。

戴　燕：有西方文学吗?

陆谷孙：有，无产阶级的西方文学。比如说杜波伊斯（Du Bois），黑人的这种。其实今天在西方，人家也蛮把他当回事的，那么由于他是黑人，我们就学他的。还有《牛虻》、《穿破裤子的慈善家》这一类。有一个"同路人"，叫费里克斯·格林（Felix Greene）的英国作家，当年是跟中国友好的，我知道后来此人亲达赖了，这些东西，学了不少。这些都是临时性的、油印的。完整的教材，有一套高教部组织的，是从许国璋开始，最低年级是许国璋。第二是俞大絪，北大的，就是俞大维的妹妹。第三就是我的老师徐燕谋主编的，这个是全国统一主编的，有六册，这部教材的好处，就是不选中国人写的英文。

戴　燕：所以，英文学习没问题。

陆谷孙：我们最后一年，就是八字方针以后，各个口都搞"六十条"，"高教六十条"是周扬他们搞的，开始强调"三基"，就是基本知识、基本技能、基本理论。强调"三基"以后，我就觉得比较正规一点，一九六二年毕业，还可以用英文演话剧，演的是《雷雨》，剧本是一个外国人跟王佐良他们几个一起翻译成英文的。到我读研究生的时候，也比较正规。到一九六四年又不行了，"千万不要忘记阶级斗争"来了。

戴　燕：这么看，您算是幸运的，学了英文，然后留在系里。

陆谷孙：我进校的第一个半年，太太平平的，平静的书桌，没事儿。尽管那个时候高年级都在打右派，不过也已经打到一定阶段了，第一波反右已经结束，但我们还是要开会辩论。然后到一九五七年的年底，毛泽东发表了"党的教育方针"，就是教育必须为无产阶级政治服务、教育必须与生产劳动相结合，从这开始就有大量的劳动。我们是五年制，后来我们算了一下，劳动大概一年以上，不过就我自己来讲，英语学习时间还不能算少，我会自己偷偷挤时间。譬如说好不容易放个暑假，那时候寒暑假常常都要取消，要劳动，好不容易有暑假，我看人家外地同学都回家了，七个人的寝室只剩下我一个，我可以看书看到凌晨四点钟，然后早上广播喇叭响起，我也不醒，一直到中午才蓬头垢面地去吃一点饭，然后下午开始再继续这样……

戴　燕：一个人的时候看些什么书？

陆谷孙：那时二十上下的年纪，大都是看刺激性极强的书，什么《福尔摩斯全集》啦，外文书店有卖的。上世纪五十年代末六十年代初，福州路外文书店楼上专门有这么一个地方，卖旧书的，很便宜，大概都是院系调整的时候，从教会学校图书馆那些地方搜来的，有些书上还残留着校图书馆的公章。除了福尔摩斯，还有阿加莎·克里斯蒂，这作家后来是红得不得了，还有那些哥特小说，全是悬疑，还有神鬼故事。当然也看一些正经的，但是我的趣味跟人家不大一样，大家书单上开的呢，我反而不一定去找来看，我去找那种图书馆没有人看的，从书卡看，没人借过的，所以今天我估计有些书，可能复旦大学只有我一个人借过，像 *Mysteries of Udolpho*，十八世纪安·莱德克利夫（Ann Radcliffe）夫人写的，古城堡里的魅影幢幢，刺激得很。

戴　燕：那个阶段还是可以读一些东西。

陆谷孙：那阶段还可以读，"文革"以后不行了。但是"文革"以后呢，一个偶然的机会，我还有机会读书。我在苏州，我小姑姑有一个亲戚是红卫兵，抄家抄来的很多东西都堆在一个房间里，她说你既然那么喜欢看书，我去给你拖一袋来。所以，我也沾了"文化大革命"的这点好处，看了不少书，而且看了以后，当天晚上就讲，那时候家里住了很多外地来串联的小孩儿，给他们讲故事，再后来当然也成为我的罪状之一。

戴　燕：那个年代，一般人会考虑我学了英文，在中国有什么用吗？

陆谷孙：没想过，这个没想过。我的期待是教书。

戴　燕：今天，当然大家都知道外文在中国越来越重要，甚至很多人都觉得外国的东西很好，是一个标准。那时候的风气怎么样？

陆谷孙：多多少少认为英语是帝国主义语言。

戴　燕：不可能成为主流文化、主流价值？

陆谷孙：不可能。

戴　燕：现在复旦外文学院有几个语种？还是外国

文学占主流吗？

陆谷孙：七个语种，这是一九九〇年代以后的事。外国文学也不占主流了，现在是语言学占主流了，但是这个语言学，怎么讲呢，也是完全朝理论靠拢的，真的。譬如说"绿色的草在愤怒地歌唱"，你说这是好诗吗？这是乔姆斯基想出来的一个有名的句子，然后分析形式与意义是不是可以割裂开来。还有的就讲你的脑子，说话作文是左脑还是右脑在活动，你的眼珠又是如何转动的，从中分析认知过程。大家都往这方面发展，反而忽略了语言的基本功。我是觉得你可以朝这方面发展，但是你先得把语言的功底弄好，爱读、听得懂，能说、能写、能译，这是最起码的条件。现在你去看看我们有的教师用英文上课，简直就像是钝刀子割肉，我说是用钝刀子割火鸡。英语里面有一句话，叫作"刀子切黄油"，那就是势如破竹。讲英文也应该要做到这个。

戴　燕：您是说理论本身有问题，还是说语言不过关？

陆谷孙：我觉得引导也有问题，因为最后要写论文，你要提职称就要写论文啊。

戴　燕：这样文学就减少了。

陆谷孙：教材里文学少了，应用文多了。连我都得每年把教材改一改，置换几篇，我不能老是这几篇一直教下去。我本来选的都是非常文艺的，基本上都是现代主义时期的，因为是二十世纪嘛，我不讲十九世纪的，一讲十九世纪，甚至十八世纪，好散文很多，甚至所谓"文艺复兴"（现在都叫 early modern），甚至更早的中世纪（现在叫 pre-modern），其实是好东西很多，当然诗体占主要。

戴　燕：但是同学没有兴趣？

陆谷孙：兴趣不大了。散文，包含应用文，但又不等于应用文，可能派不了用场。所以我现在呢，第一，把教材全部改成二十世纪，课的名字也改了，"二十世纪英美散文选读"，然后每年总要置换好几篇文章，有的是跟时事结合得比较紧的。譬如说今年我置换的一篇文章，不是马上要大选了，我就置换了《纽约客》上的一篇文章，叫作 *Tea and Sympathy*，不妨译作"以茶待客"，专门讲茶叶党的，波士顿怎么开始有茶叶党。文中有历史，包括尼克松因水门事件下台，有今天的时事，有大选展望。文章又写到仿制当年倾倒茶叶那艘革命船，如何孤零零地停泊在那里，外面的雨水打入它的船舱，冲刷舱底，写得很文艺的，是文学、历史和现状都有的一篇好文章。

戴　燕：您还是非常非常花心思在教学上的，而且不光讲语言，也不光讲文学，还讲文化和现实。

陆谷孙：我会花三个礼拜讲那个散文的特点是怎么形成的，讲流变。从古希腊的对话录开始，到古罗马的修辞、演说，一路发展下来，到法国的蒙田，然后从法国移到英国，讲培根，也讲约瑟夫·艾迪生（Joseph

Addison）和理查德·斯蒂尔（Richard Steele），这一路下来，把它的流变讲清楚。两大派别的不同，一个是杂文、随感、小品一类，一个是论文、批评一类，都有各种各样的例子可以举出来，然后各有什么特点，为什么写散文的人多是在中年以后，为什么青年时代多写抒情诗，为什么写散文的英国作家"独身主义者"特别多，等等。

戴　燕：真是这样吗？独身者写这种很多？

陆谷孙：对，人们首先想到的一定是查尔斯·兰姆（Charles Lamb）。你要有时间来抒发心中各种各样的思绪和感情，除了疯姐姐，又没有一个倾诉的对象，那就写文章跟自己对话吧。

戴　燕：您认为写作其实是一种内心独白，总是要倾诉？

陆谷孙：我觉得是有一点。不光我这么认为，美国一位教授写了篇很精彩的文章，全面谈散文写作，我当作这门课的开场白，先给学生读。

戴　燕：同学听完了，也许觉得这多没意思啊，这不像苦行僧一样吗？

陆谷孙：我觉得还是很有意思的，这是培养你对语言的一种亲和感、悟性，甚至灵感，然后你一生都离不开这种文字和语言了。我觉得学外文最主要的一条，就是你这一生离不开它。

戴　燕：学生会不会想，我先得找个工作。如果他找了一个公务员、公司职员的工作，怎么还能有您说的那种心情？

陆谷孙：即使你是只被关在笼子里的鸟，这只鸟还得啼鸣，是不是？啼鸣发自内心。心里要有个精神家园。不读书我看是不行的。我现在上课，班上六十到八十个人，我像个牧师传教一样，这当中能够有个位数，两三个人被我说动皈依，我就觉得已经成功了。

戴　燕：您现在一个礼拜要花多少时间在教学上？

陆谷孙：教学大概总归要八九个小时。两节课，八九个小时。

戴　燕：您理想中的外文系是什么样子？学生应该怎么做？

陆谷孙：我期望当中的学生，应该第一语言和文字必须过关。我有时善意地讽刺他们，我说：You're very good at unlearning。你们各位的强项是什么呢？就是把过去中学时代学习的东西忘掉，unlearning。你看看我电脑上改的作业，那都是一片红啊。所以我要求：第一，你文字用不着老师再这样改，你讲出来的语言，你口音有错，音素有错，元音音素有错，无所谓，只要你错得一致，不会引起误解就行了。第二，是一个爱书人，不就是像我这么爱东看看西看看吗，至少有我这么一点精神，有点好奇心吧，对知识和思想的好奇心。正因为有这个好奇心，你有疑问，就会经常去看书。也不要给他去定什么书单，让他自己到书的海洋里去游泳，也可能就游出来了，没有灭顶，浮上来了。这是第二个。第三个呢，就是我希望这些人，从书本里不但得到知识，"于不疑处有疑"，至少成为一个初级的思想者吧。如果外文系能够培养这样的人，这个外文系就是个好的求智场所。

戴　燕： 这也是您自己成长的经验。

陆谷孙： 我做中学学生的时候，看草婴的托尔斯泰、翻译法国文学的傅雷。我记得那时候上海延安路有个沪江电影院，电影院旁边有个书摊，租书给你，一个月只要两块钱，《复活》、《红与黑》、《基督山恩仇记》啊，我就是从那里租来看的。我喜欢法国、俄罗斯胜于英国，可能就是看这些书的缘故，特别是托尔斯泰，又听柴可夫斯基，这可能还有当年"一边倒"的政治取向的关系，这些东西合成起来，所以我对俄罗斯一直是有一种难以名状的崇拜，这个民族不会垮的。另外还有一点，我觉得西方的，也包括俄国的 intelligentsia，永远就像 T. S. 艾略特讲的那样，尽管挫折加幻灭，"我不希望自己死去"，面对战后的社会问题，不少人在美欧间穿梭，寻觅加探究，他们很少有我们这里竹林七贤、陶渊明这样"悠然见南山"的退守主义。这种东西在西方知识分子里面很难找到，即使在检禁横行的时候。

戴　燕： 没有隐士。

陆谷孙： 隐士，不得志以后就隐了，这种很难找到。西方知识分子的阳刚这一面，我觉得是他们在当年能有影响的一个很重要的原因。我爸爸那时候还在灌输我，还要我背这个背那个中国的东西，我当然也背啊，也要应付他，但是我已经感觉到这两个文化实在太不一样了。

要让词典反映出中国文化
如何接受英文、运用英文

戴　燕：这样看来，翻译还是很重要的。从前说翻译文学作品是很了不起的一件事情，翻译家的名字大家都知道，现在怎么样？

陆谷孙：对，很了不起的事情。现在地位不一样了。现在，好多硕士生在校期间打份工就搞翻译，如果有什么家教之类的，翻译还排在后面呢，因为第一是时间花得太多，第二稿费也少，宁肯去做家教。

戴　燕：这样一个翻译状况，您有什么评价？

陆谷孙：外国文学呢，老实讲，我现在不看。如果出版社要我翻了，我就只能动手翻，但是我强调要英汉对照，一定要两种文本都印出来。这也说明我的一个态度，就是说现在有些翻译的质量实在太差了。

戴　燕：我有时看现在的翻译作品，有一个最大的意见，就是你对照以前出版的，包括"文革"期间的，哪怕它很政治化，但是总有前言、后记，有介绍、有评价。现在一看好多翻译，什么都没有，前无序后无跋，光杆一个，就让人怀疑你是从哪儿来的，不可靠。

陆谷孙："文革"期间少虽然少，但很认真啊，而且是发动了最精华的人。你看嘛，刚刚一家出版社给我写信，我翻了毛姆的一个短篇小说，他要出了，要跟我签个约，他说你的译后记我们能不能拿掉，我同意他拿了。

戴　燕：为什么要拿掉？

陆谷孙：因为还有别人译的其他作品吧。自然也为了降低成本，现在什么都要考虑这个。

戴　燕：因此现在翻译出版的很多是流行书。

陆谷孙：是，流行书也可以翻，因为流行书、畅销书，你从扩大的意义上来讲，从《鲁滨孙漂流记》开始就是了，这也不是不可以翻。

戴　燕：您最近出版的译作《一江流过水悠悠》算不算流行书？

陆谷孙：那个还不算太流行，当然它也畅销过几个礼拜，但是它畅销不在于情节，现在的畅销书，小说类的多数是以情节取胜。但是你别说他们西方现当代作家，他即使写一部《达·芬奇密码》也有他的思想特点，弄得现在很多地摊文学都在讲共济会的问题。

戴　燕：您的日常工作里面，教学是一块，翻译是一块，还有一块是编词典。

陆谷孙：对，现在就在做《汉英大词典》。最近开了个会，又给我比较大的一个鼓舞，这次得到几位专家的肯定。香港有位专门搞汉英平行语料库的先生，我们把Ａ字母部分印出来寄给他，请他提意见，我特别要求他跟他的语料库对比，看收的东西有没有巨大欠缺，结果发现没有，基本上跟他持平，可能还多一点。我是想，一定要让这个词典作为一个记录，就是这一阶段的中国文化是如何接受英文、运用英文这样的一个阶段性总结，所以翻译上，比王佐良先生他们那个时代也要力争好一些，因为我非常讲究跟英语对接。你像"功败垂成"，他们过去就是按照字面翻的，就说失败了，成功已在眼前的时候失败了，当然是对的，但是我要给它翻成"失败在第十一个小时"，或是在这个杯子将要接触嘴唇的时候"砰"掉下去了，失败了。洋人可能会觉得更加亲和。

戴　燕：就是"功亏一篑"的那种意思？

陆谷孙：对，因为这在英文里面也是有的。

戴　燕：听说您这词典要给复旦大学出版社？

陆谷孙：对，现在叫《复旦版汉英中华词典》。我这个人，就是有一种乡土情结，对中国也是这样，对很多事情看不惯，但是我一到美国，有了距离感，就怀念这儿的草木和九舍的鸟啾虫鸣。复旦也同样，对我是口高压锅，"文革"中给关起来办学习班。当年学生时代，不准接待外宾，不能跟外国人接触，总觉得你们思想不好。

戴　燕： 不被信任？

陆谷孙： 就是一进来的时候，不是说反右第一波已经结束了嘛，那时候叫我们也发言，就民主问题什么的讨论，我呢最恨的就是礼拜六不放我们回家，所以我就说上帝创造万物，礼拜天也是要休息的，这话就上了我的档案，后来把我关在学习班里头斗我的时候，都拿出来了。

戴　燕： 决定了您不是最受信任的。

陆谷孙： 尽管是高压锅压的，但不知道为什么就是对复旦产生了感情，像散步的时候走过这些地方，想想以前我们在这个小棚子里面上过课，就有一种很强烈的怀旧和依恋。

戴　燕： 您是老复旦了！我看您毕业以后不久，"文革"初期就开始编字典了。

陆谷孙： 对啊。我一九六二年毕业，大概太太平平念了一年半的研究生，上了四门非常扎实的文学课：英国戏曲、英国诗歌、英国小说、英国散文。

戴　燕： 主要是古典时期的？

陆谷孙： 都是古典时期的。戏剧我记得从莎士比亚开始，经过王政复辟，一路到萧伯纳为止。小说也是从第一部《汤姆·琼斯》开始，一路下来到普里斯特利（J. B. Priestley）。当时的一大好处，就是你非念原著不可，不能靠二手的。然后，由于当时我们系里面教师不够，就把我推上了讲台，去教低我两届的英文系五年级"英美报刊选读"。

戴　燕：那时候也能及时看到英美报刊？

陆谷孙：很及时。但你不能选太政治的文章、讲中国的文章。就找一些"无害"的，无害即可。那时周扬说选教材的标准，有益最好，无害亦可。我刚开始教书那个时候，要给工农同学开小灶，就是每天吃过晚饭，四个人，两个人一组，到我宿舍来练习讲英文，天南地北的就练口语。我一边这样教书一边写毕业论文，而毕业证书还没拿到的时候，"文革"来了，所以毕业证书也一直不发，等到"文革"以后才发的。一九七〇年"一打三反"，说我是"白专典型"、"修正主义苗子"、"裴多菲俱乐部成员"，把我关起来，一关关了六个礼拜，就在这期间，我曾一手拿过五个灌满水的热水瓶，此生中最厉害的。然后就是编字典，不能教书了。

戴　燕：编字典跟教书有什么区别？

陆谷孙：教书有一种满足，教师有演员的某种元素在里头，满足表达欲。编字典是很安静的，很艰苦的，有时候是很机械的。

戴　燕：当时编《新英汉词典》有什么基础吗？

陆谷孙：没有基础。之所以开始编词典，是因为运动实际上已经到后期，没什么杀伤力了，更多教师感觉到没事干，成天来上班，开个会回去，有人就提出说我们来编本英汉词典吧，开始也不是很认真的一个活儿。工宣队说好啊，你们就成立一个词典组。还是半信半疑的。而编者，除两三位领导外都是有问题的人，包括我。然后突然有一天，说是好消息来了，徐景贤批准了，说上海需要这样一本词典。这不就弄假成真了？从此开始编字典。

戴　燕：《新英汉词典》之前，一般人用什么词典？

陆谷孙：用郑易里的《英华大词典》，主要译自日本的"英和"。那时"二战"刚刚结束，日本被美国军队占领，所以美国军队里面的俚语特别多。现在这本词典，商务印书馆正在修订。

戴　燕：要把它重出？

陆谷孙：重出，我的一位前学生在做。我说一定要根据郑老先生当年的风格，他不求给你很多用法，他就是释义多，帮助求解。

戴　燕：编《新英汉词典》的时候，要参考哪些东西？怎么选词目？

陆谷孙：我们以大批判开路，先批判这些字典。至于词目的选择，主要是从六部洋人的词典（三部英国的、三部美国的）里面勾出来，英美三四本有的，重合的，我们就选。

戴　燕：这个工作，现在有电脑很容易，那时候就抄啊？

陆谷孙：那全是手工，那些卡片都还在。然后还要找例子，有的可能就是用洋词典原来的例子，这要看各位编写人的喜好。我一般喜欢用最近看到的最新鲜的例子配上去。

戴　燕：一共多少词条？

陆谷孙：《新英汉词典》大词条有五万，不包括肚子里头派生的。

戴　燕：一共做了几年？

陆谷孙：这个快，编了五年。在工宣队的领导下，一个口号就是"急工农兵之所急，想工农兵之所想"。

戴　燕：前后多少人参加？

陆谷孙：也挺多的，总归有五六十人、六七十人。校样到最后主要是我看的，就是我一个人看的。我一天可以看十四张，我不是校对，我是往里头加东西。

戴　燕：您这给人家出版社添好多麻烦。

陆谷孙：就是说啊，不但是出版社，主要是给排字工人，所以排字工人骂我是"打翻了墨水瓶"，工宣队还叫我到商务印书馆的工厂去搬那个字盘：你体会劳动人民多累啊，你画条线多容易，你画条线人家就要搬字盘。但是，如果你不这样做的话，《新英汉词典》一出来就没用了，肯定扫进历史的垃圾堆。因为它全是什么"反对修正主义"啊、"美苏两霸要统治世界"啊这种东西。由于我这样拼命地往里头"走私"，曲线救书，也不能说我一个人，这部词典总算没有被扫进历史的垃圾堆，还是卖出不少，出版社统计累计出了一千万册。

戴　燕：那后来再编《英汉大词典》就比较容易了，轻车熟路。

陆谷孙：至少我们已经有经验了。像我派到词典组的时候，根本从来没编过词典，我只用词典，只有葛传槼先生编过。

戴　燕：编词典是另外一种工作。

陆谷孙：另外一个工作，你要看懂每一本洋词典的体例，有的你看不懂啊，像《简明牛津》，那真是简明啊！它是用最简洁的话来容纳尽可能多的信息，这一套功夫，都是要慢慢练出来的。幸亏有个葛先生在那里，他编过词典，跟着他学吧，尽管葛先生后来早早退出了词典组，因为他被十七路电车撞了一下。词典出版的时候，署名叫作"《新英汉词典》编写组"，没有人名的，也没钱的，那也很自然。

戴　燕：还是在"文革"。

陆谷孙：后来改革开放了，北京的《汉英词典》有署名了：吴景荣、王佐良等。周建人的女儿当年是译文出版社的头，叫周晔，她跑来专门征求我的意见，要把我陆某人放在主编位置。我说你这个于情、于理、于法都不对，我死也不从，坚决要把葛先生的名字放在最前面。

戴　燕：后来您再做《英汉大词典》有年轻人加

入吗?

陆谷孙：还是很多中老年的。一开始大家都愿意来，当时"五七干校"还没取消，弄得不好你要到"五七干校"去，两害相权取其轻，还是到词典组去吧。最兴隆的时候我们有一百零八个人。

戴　燕：也得到学校的支持?

陆谷孙：是上海市。

戴　燕：上海市专门给你们辟一个什么地方，有单独的经费，等等。

陆谷孙：对，在社科院。

戴　燕：现在正在编的这个《汉英词典》，算是这个工作的延续吗?

陆谷孙：汉英呢，实际上是我不好，我太轻率……一九九一年我到香港，见到一些朋友，他们跟我说：你《英汉大词典》编好了，现在应该编一个汉英，就可以跟梁实秋、林语堂齐名了。我小小的虚荣心就被刺激起来了。又碰到一位安子介先生，他是主张要搞一本好的汉英词典，方便外国人学汉语的。我给他翻过东西，他晓得我这手英文大概还可以，他就觉得我应该来编这个词典，这是理由之二。理由三呢，就是我当年到美国替他们一个词库搞过一个文字档。这个词库，就是个跨政府部门的，在中美建交以前，我估计他们要了解中国的情报，就靠看报纸，看我们的出版物，然后把一些词语放进这个档案，放进他们的计算机里头，然后找在美华人或者日本人，翻译成英文。他们叫我，还有一位薛诗绮同志，去干什么呢，就是从他那个乱七八糟的文档里面，看能不能挑出一些有用的东西，编成一本词典。

戴　燕：那是什么时候？

陆谷孙：那是一九八〇年，做了半年。我去给他挑，就觉得多数都不行，但是后来一查，又都是有根据的，是日本的《中文辞典》、台湾的《国语大词典》里面有的。这个文档，中美建交以后不就没用了？他们美国人不用，我就试探，能不能把你这个档案送给我，哎，他居然同意了。现在我们把它也列为我们的一个资料来源。

戴　燕：您这个《汉英词典》打算要列多少词目？

陆谷孙：单字大概就有两万五以上，不加一个字下面统领的词大概三千多页。

戴　燕：主要是给外国人学汉语用吗？

陆谷孙：不，我觉得中国人也可以用。譬如"囿座之器"是什么？原来历史上帝王的宝座旁边都放一个盛水的东西，水往里头注满了，就要溢出来，它提醒君王做事情不可以过分。这个"囿座之器"，《汉语大词典》就有。我本人不看英文就不知道，更别说年轻人了。

戴　燕：这个是很大的工作量了。会收很新的词吗？

陆谷孙：流行词我们要拳头捏得很紧，不会有闻必录的。现在网民喜欢按英语构词规律自己造英文词，有些还是挺精彩的，但我们要看这些词语在英语世界的接受度和频用度来决定取舍。

戴　燕：有没有古汉语和现代汉语的区别？

陆谷孙：我们用标签区别古今。如果用古话作例证，像"温故而知新"，就在前面打一个五角星。

戴　燕：您这是要古往今来、一统天下啦。

陆谷孙：是的，包括方言，沪语的"刮辣松脆"也能查到。所以，我写了篇文章，叫《志虽美，道难达》，专门骂自己。

戴　燕：现在这个工作大概完成了多少？

陆谷孙：九千工作页里头，好像有三千五百页做好了。

戴　燕：有几个人帮忙？

陆谷孙：主要是三个女将。

戴　燕：可以想象工作难度不小，但是读者也很需要。

陆谷孙：是很需要。我自己在国外待的时候，跑他们的书店，就知道英汉词典是没有销路的，在美国，人家要的是汉英词典。

戴　燕：您现在大部分时间都在做这个？

陆谷孙：我这个寒假大概改了两三百工作页，就是寄希望于这个寒假。现在做做倒有点兴趣了，原来的英译实在不够好，就尽量设法改进。

戴　燕：现在您是在电脑上做？

陆谷孙：也是在纸上做，工作页小，贴在一张大纸上。

文学研究还是要以文本为主

戴　燕：现在还有时间去做莎士比亚吗？看您在文章里说，复旦外文系藏有很多关于莎士比亚的文献。

陆谷孙：因为当年林同济先生和我跟海外的交流比较多。现在基本没人做了。

戴　燕：莎士比亚太古典了，大家没什么兴趣了？

陆谷孙：难也有关系，我觉得语言难是主要的一点，他等于是现代英语的开山鼻祖啊。我上课的时候，一个《哈姆雷特》剧本，我要讲三到四个礼拜，不像有些老师那样教，一周可以讲四个剧本。不行，我是一个字一个字地讲。为什么戏开场时第一句话 Who's there? 不按常规由守更的哨兵喝问："来者是谁？"而是来换岗的喝问："那厢是谁？"等。前面的二十五行都是散文写的，叫他们背出来，下一堂课谁上来背，背出来，或者再加上一个独白，两段能背出来的，我奖赏《牛津词典》一本。

戴　燕：好厉害！

陆谷孙：剧本真是写得好，你要仔细去读的话，这里头蕴涵可真是丰富。譬如接着两个哨兵交换口令 Long live the king，"国王万岁"，这多讽刺啊，这个剧里面没有一个国王是长命的。为什么剧本从头开始就是反覆颠倒的，要细讲的话，是不是很有讲头？

戴　燕：您觉得学生爱听吗？

陆谷孙：爱听，那是极爱听。

戴　燕：那为什么都不愿去做研究呢？

陆谷孙：就是说，人家听听是蛮好听的，就像听《隋唐演义》一样。

戴　燕：像您这样下工夫琢磨的，现在不多了。大概像您那样去看不同版本的，也不多了。

陆谷孙：版本是很重要的，第一个对折本跟第一个四开本有什么不一样？同样的一段独白，为什么有不同的版本？这个是要钻进去的，中国人这些都不钻了。我佩服朱生豪也就在这里，当年哪有那么多版本看啊，贫病交加，他还能翻成这个样子，我非常佩服。你如果现在叫我翻，我也可以翻，我翻肯定很慢，我要各个版本一部一部地对过来。

戴　燕：您这是做学问。现在国际上，莎士比亚这一行的情况怎么样，受不受重视？

陆谷孙：也不太景气。

戴　燕：那如果让学生读经典，大学的文学课总要找些经典来教，教什么呢？

陆谷孙：我估计在英、美的话，中学就读了，像《威尼斯商人》什么啊，比较容易的剧本，中学就该读了。

戴　燕：今天中国的念外国文学的学生，您觉得他还一定要过莎士比亚这一关吗？

陆谷孙：我觉得一定要过，或者说最好要过。将来你要搞十九世纪也可以，浪漫主义也可以，现代主义也可以，后现代也可以，你根源上不懂不行。现在文学批评追求新颖，什么后人文主义就说，人没什么了不起的，人只不过就是各种各样的物种里面的一种，猴子也是，猿猴帝国不是也拍成电影了吗？随着环境保护主义的声音，这个越来越厉害。

戴　燕：现在外文系的学生或年轻老师，他们也都接受这些新的东西？

陆谷孙：也不见得，文学课本身就在衰落。

戴　燕：您自己不大用这些后现代的东西。

陆谷孙：我不用，像这种没什么意思的。像我看到有人用"模因论"（memetrics）解释翻译，戴顶帽子、穿双靴子，内容还是离不开意译直译等，有什么价值呢？还是文本为主吧。

戴　燕：可是我看您编词典呢，又好像很注意吸收新的语汇。

陆谷孙：新的语汇我也是有选择的，绝对有选择的，而且不能随着网上的狂欢，跟着它走不行的，这个我宁可保守一点，拼命地想办法给它翻译成好的英文。

戴　燕：像每年评选的诺贝尔文学奖或是这个那个奖的作品，您会关心吗？

陆谷孙：我会看一看，但是我觉得不怎么样。让我心动的，就是像艾米莉·狄金森（Emily Dickinson）讲的——什么是文学？两种东西：一个呢，就是像在最热的热天，"滂"一桶冰水浇在你背上，醍醐灌顶；第二呢，就是你感觉到你的头颅被砍了，还没下来。只有这两种感觉出现的时候，你才碰到了文学。她是这样认为的，我也有点同感。

张信刚

复兴中华相期在明天

张信刚

1940 年生于辽宁沈阳。1962 年毕业于台湾大学土木工程系，1964 年获美国斯坦福大学结构工程学硕士，1969 年获西北大学生物医学工程学博士，先后任教于纽约州立大学、麦吉尔大学、南加州大学、匹兹堡大学，1990 年任香港科技大学工学院创院院长，1996—2007 年任香港城市大学校长。主要著作有《从活字版到万维网》、《大中东行纪》、《尼罗河畔随想》等。

中国文化认同

　　我出生在沈阳，父母都是医生。母亲是满族，父亲在日本人办的医学院念书的时候，有不少同学是台湾人。一九四八年，我们家搬到台湾，我在台湾上了小学、中学和大学。

　　师大附中毕业后，我考进台湾大学的工学院。中学时，我的英文、国文、历史比较好，但那时大学联考，工学院的考分要求极高，你不能把文学院摆在前面，所以就填了个土木工程，结果进去了。国文老师是个老学究，他听说我报考土木工程，就在我的作文簿写了一句话："君乃经国济世之才，奈何以砖瓦木石为之！"

　　我父亲是台大医学院的外科教授，认得很多病人和同事，有些是人文方面的。父亲和同事们常串门聊天，来我们家串门的有董作宾、劳榦等，董作宾还送给我父亲用甲骨文写的书法。小时候，父亲有时下班也带回来

"世界名人传记"一类的书给我看。中学时，他订的杂志里头，有一本叫《自由谈》，有旅游札记之类，我很喜欢看，还自己想过投稿。

我们在中学里学的《中国文化基本教材》讲的主要是道统，是文武、周公、孔子、孟子、朱熹、王阳明这些。蒋介石不是把台湾的草山改名阳明山了吗？他心中最喜欢的就是"吾善养吾浩然之气"的王阳明，所以学校里面讲的是道统。社会上，一九五〇年代的台湾逐渐流行起美国影响下的世界观，比如余光中当时写《今夜的星空很希腊》，大家对希腊其实没什么了解，但言必称希腊。美国的乡村歌曲、爵士音乐当时在台湾也很流行。宗教上，有天主教、基督教，我中学时代跟天主教的神父修女们走得很近。

我在台大念工学院的土木工程系。台大工学院课程是很忙的，一百四十六个学分毕业，一百三十个学分是必修或限制选修的，要在规定的范围内选读，比如在有关的工程、数学里面选，只有十六个学分，是你爱选什么选什么，我一股脑儿都选了法文。当时台大没有现在这样的通识课，你要选经济学就得跟经济系的人一块上，选莎士比亚就得和学莎士比亚的人一起上，老师不会照顾你是外系的学生。我学法文就是和外文系同学一起上的，我学得很不错，比大多数外文系同学分数都高。老师是加拿大蒙特利尔的一位耶稣会神父，他共教了我两年。他到台湾本来是当神父，因为台大需要本国语言的人士教外语，所以找了一些外国神父修女教英文、德文、西班牙文、法文。

台大毕业后，我拿到斯坦福大学的奖学金。当时我父母亲在埃塞俄比亚为联合国世界卫生组织工作，我就从台湾一路过去，经过香港、曼谷、孟买、黎巴嫩、开罗到埃塞俄比亚，在那里申请到美国的留学签证。

在斯坦福大学，我有一个美国室友 David Jordan；"焦大卫"是我给他取的中文名。斯坦福大学有惯例，一个外国学生和一个美国学生住一块，方便他们互相学习，一般不让两个外国学生同住。我读结构工程，撞上一个人类学的研究生，我们两个住一间研究生宿舍，他对我有很多启发和开导，帮助很大。我那时英语已经可以了，但是好多话，比如一些食物的名字，还有俚语粗话，还是不会，他是男生嘛，可以教我很多东西。他从芝加哥大学毕业，读完硕士以后想去研究埃及或者别的，还没有决定，他对中国也有兴趣，但当时中国不开放，他说没法做田野调查。我就跟他说：谁说不能啊，可以到台湾去。后来他真的去了台湾，当然一九八〇年代后他也去过大陆，来过香港。总之，他后来成了一个有名的中国民间信仰的学者。他在台湾做过很多民间调查，拜拜啊，扶乩啊，妈祖啊，他闽南话不行，雇了闽南话的助理做翻译。

我们两个彼此激励。这位室友很开放，对很多东西都有兴趣，知识丰富。试想如果我碰到的是一个温吞的外国人，除了搞自己的专业，其他的什么都没兴趣，或者尽管他很有知识，但和我话不投机半句多，各人搞各人的，也不行。我们两个很谈得来，经常一起吃饭，几乎每天聊到很晚。晚上我们俩都得有很大的意志力，说"不行了，得做功课了"，要不然就会一直聊下去。对我而言，这就是一种文化交流，可是它也巩固了我的自我认同。因为我的室友把我当作一个中国通，所以我也常向他介绍中国的东西，《论语》、《孟子》、唐诗、宋词，这些我以前都知道一点，在向他讲解的过程中，又去查书看书，我当时带了不少书到美国，一九六三年出国前买的。什么《古今文选》啦、《诗经》啦、《成语大辞典》啦，这么一来，等于巩固了我对中国文化的认识，巩固了我自己对中国文化的认同。

我的第一个重要的学术演讲，是应邀在美国生理学会的年会上讲我的研究。这是生理学年会的第一百多次年会，美国建国的历史并不长，可是它的社会机构有很强的持续性，很多东西都延续一百多年，不是靠政府监管，靠的是民间力量。我虽然上过生理学的课，但不是生理学出身，跟我合作的一个资深生理学教授让我主讲，我就先讲了一个中文谚语"江边卖水"，用英文一翻译，当时得到一片好评，说这个比喻太妙了。我一个外行人，跟他们讲生理，人家都是有名的生理学家，我三十三岁，那里头五十岁六十岁的人很多。要说"班门弄斧"，太麻烦，还得解释鲁班是谁，"江边卖水"光一说，就够了。这次得到鼓励，以后每次演讲，都引用一句中文谚语，逐渐成了我的招牌。这等于又在固化我的中国文化认同。

在我念大学的那个时代，台湾社会上的主导思想，是有能力留学的人要去留学，这不是说中国不好，没有说不想当中国人的。但社会上有这样的玩笑，说"我是美国人的爷爷"，为什么呢？儿子去美国还不是美国人，生个孙子，就是彻头彻尾的美国人了。

但是我在二十三岁离开台湾到美国的时候，认同感及大致的思想还是很清楚的。从小的教育使我不止自认为中国人，还自认为是肩负时代重担的中国人。连战、吴伯雄、刘兆玄这些人和我都是师大附中毕业的，吴伯雄是我的同班同学，一起唱了六年的校歌。我们的校歌是：

附中，附中，我们的摇篮！
漫天烽火创建在台湾。
玉山给我们灵秀雄奇，
东海使我们阔大开展。
我们来自四方，融汇了各地的优点；
我们亲爱精诚，师生结成了一片。
砥砺学行，锻炼体魄，

我们是新中国的中坚。

看我们附中作育的英才，

肩负起时代的重担。

附中青年绝不怕艰难，

复兴中华相期在明天。

把附中精神，

照耀祖国的锦绣河山。

跟新华社名字里的"New China"不是一个概念，但也是说"新中国"。在我们的概念里面，金沙江、黑龙江、澜沧江、唐古拉山、祁连山、昆仑山，都是我们祖国的，九百六十万平方公里都是我们的国土。我相信两岸那时的认知，在"中华文化"上，不会差太远，在地理疆域上，也没什么差别。"把附中精神，照耀祖国的锦绣河山"，这个意思，六年中校长和老师们时常这样训勉我们。有些老师是以前北师大的老师，他们不亲共，到了台湾，他们也常在说话中讥讽国民党。他们不见得是国民党，我父亲母亲就不是。我爸爸是因为看到要打仗，就逃了，要找事情做，就到了台湾。我们要学"三民主义"的课，都要念，但是我从来不太相信"三民主义"能够统一中国，因为我觉得内容太过简单，说法太过教条。我那时也看《文星》杂志，更希望有一个自由、平等、民主、开放的中国。

什么是历史的趋势

一九六〇年代在美国华人科学家里头，要看这个人真正的科学成就，以及与外国人交往的能力、外语的水平，这两个方面加起来，总分高的，就能出人头地。两个加起来总分低的，往往就不太受人重视。人文社会科学是有思想性的，语言更重要，外语不好，不能和外国人有效交流，就更难。我们熟悉的几个人，比如杜维明、李欧梵，都是明显的例子，外语非常好，善于和外国人交往。另外白先勇，他外语也很好，学外语出身的，他就能。白先勇的自我认同是中国人，给人的印象也是中国人，但他就能在外面立足。相比之下，科学界可能比较容易出头。

根据我自己的观察，在跟外国文化接触的时候，是有一个过程的，也分几种人，各人不一样。有的可能愿意、急于融入当地社会，他就跟小孩、跟朋友，故意表示我很洋化。有一种是另外一个极端，说西餐不好吃，跟小孩说洋鬼子笨。更多的是中间这一种人，刚开始的时候有文化冲击，就采取保守的态度，自我保护，不太接触外面，逛校园啊，买东西啊，吃饭啊，都是跟华人一块儿，后来发现这不行，对美国也熟悉了，或者说有好感了，又跳到另一个极端，亲美亲得厉害，洋化得厉害，然后到了某个程度，发现你所憧憬、罗曼蒂克地想象的外国的好，也不是绝对的，就会反思，是不是我们自己的文化里也有好的东西？这样的人很多。

一九七一年到一九七五年参加保钓时，我已经在大学教书，很多同学、朋友好意地问我：你有家庭，有事业，你将来到底要在哪里安身立命？你在这上面折腾什么？那时我对世界史已经有点了解了，我就跟他们讲人类的进展这些大道理，我说美国所代表的资本主义、帝国主义，它是个短期的现象，在整个人类几千年甚至一万年的历史中，只是两三百年的一小段。

我也读了一些马克思的书，也听说过列宁的"资本主义的最高阶段是帝国主义"的理论，其中有一份由美国的原子科学家出版的 *Bulletin of Atomic Scientists* 的期刊，是专门谈政治的。我就讲世界上的大多数人，都是在某一个历史阶段受压迫，显得和第一世界差别极大，但是将来他们也会慢慢站起来。

那正是中国的"文革"期间，江青还在横行霸道，当时我们也不知道这些内情，但我总认为中国是要往上升的，一九四九年以前就有学者这么预测过，中国整个的力量是要往上升的。我是这么想的。

我看过一本徐中约教授（Immanuel C. Y. Hsü）写的《近代中国的兴起》（*The Rise of Modern China*），还和一位朋友讨论过这本书。这位朋友，比我大七八岁，那时我三十多，他刚四十出头。他说：我完全同意，一个国家盛极必衰，会朝下降，另一个绝处逢生，会往上升。但是你的一生有多长？这两条线，一条往下降，一条往上升，交叉点是什么时候？是在你我有生之年还是身后？假如是在我们有生之年，很快就发生，那么这是好事，我们一起努力，但假如是我们八九十岁或者是百年之后才发生，在我们有生之年看不到怎么办？你看社会冲击波把我们冲到美国，中国大陆也不行，台湾地区也不行，美国人留下了我。我说我也同样会留在美国生活，但是对历史的趋势总要有个认识嘛，这跟我自己能活到几岁没关系。

我是有点理想主义，和这位朋友的世界观不同。这一段对话，我记得很清楚，放到今天，他恐怕还会说这些话，我也会说同样的话。两条线的交叉点在什么地方，虽然还不清楚，但根据大多数专家的预测，总体国力的交叉大概就在我们百岁的时候，在这前后。

我第一次回国是一九七二年，中美已发布第一个联合公报，还没有互换联络处，老布什还没有到中国来，他是美国的第一任联络处主任。国民党把我们都当作"附匪分子"，落入黑名单，有些人去办护照延期，就给吊销了，但是我们都不太怕，因为有美国的永居权。保钓得到中国政府的公开支持，周恩来还接见过这些人，我们回国的时候都接见，登报纸。我回到美国还作了不少次演讲，写了文章。

我是到美国十多年后才加入美国籍的，这个民族认同，也是一个问题。我在天主教的时候，曾有过洋名，大家都有个洋名字，但我一到美国就不用了，一直用"信刚"，拼写简称是"HK"。我的小孩也是，我的女儿叫"以凌"，英文名叫 Yiling，她出生于保钓运动之前，所以不是受保钓的影响。

一九七八年，我们全家四个人在全国走了一趟，一共八个礼拜。也想看看能不能回国工作，但没一个地方愿意收我，说你这生物医学工程，我们这里还没人搞，目前没有适当的工作机会。

替两岸学术交流开先河

一九八〇年，去匈牙利开会，我大概是替两岸学术交流做了些其他人都不知道的开先河的事。那时我已是生理学会正儿八经的会员，著作论文也多了，再也不说"江边卖水"了。国际生理学开会，主办国是匈牙利。我那时在加拿大麦吉尔大学已经是正教授，台湾有人去，上海、北京也有人去，我是跟两边都能谈的。大陆的一些人一开始我并不认识，有一两位听说过，有的根本不知道，台湾的，我更不知道，因为我在台湾念的是工学院，跟生理学界不熟，但是我建议某天晚上大家聚餐，两边都同意，由我出面邀约。那是一九八〇年夏天，在布达佩斯，台湾去的，大陆去的，还有北美的两三个华人，一共十几个人吧，一块儿吃了一顿晚饭。

会议结束以后，我跟一个相识的捷克学者去布拉格。他带我去参观他们的心血管研究所，设备很好，所长也出来接待我。他又带我在布拉格转，我第一次去布拉格，印象好极了。两三天的密切相处中，他告诉我：

第一，是不是共产党员。"当然是，不是共产党员，出国都没希望。前几年在西德开会认识你，要是不参加共产党，西德都不能去。"他也是从小受精英教育的那种。他说我们心血管研究所，经费是肯定够的，刚才出来接待你的人，他跟总理直接有关系。我们每个人都会生病，尤其是国家领导人，特别容易得心血管病，生病又不信任西方大夫，所以必须要把我们养得好好的。我们会看病，最会看病的就是所长，他在给总理看病的时候说一句"我们需要进口西德的什么机器"，第二天就能通过。

第二，布拉格挺大，他开车带我转。他说：你知道为了你来，我跟我太太花了多少工夫？我太太也是大夫，我是做研究的不看病，我太太看病。我太太有个病人是卖肉的，因为你要来，我们在家招待你，要买好肉，但好肉买不着，所以我太太就给杀猪的那人的岳母开了一个比较好的药，一般人不给这个药的，我太太给了她。卖猪肉的人管的也是公家的，不是私人的，到他店里去，就把好肉给了我太太。我太太做的是这个工作。我呢，我并不直接看病，但有一个汽车修理所的人需要我做一件事，我这部老爷车在你来之前，三天两头就出毛病，经常开不动，这样我就送它进厂修理了一个礼拜，修好了，才敢接待你。为了这个，我得和研究所的一个同事交换做一个什么事，这个同事的兄弟，就是修理厂的经理。

老说中国是以家族观念为主，中国现在的情况，我也知道。但是，捷克在一九三九年德国人没有入侵之前，已经是高度工业化的中欧国家，家族或者中国农村里的那套观念，应该已经很淡薄了，一般人都是市民阶层。这个朋友请我去他家吃饭，捷克一九八〇年代开放一点，可以把外国人请到家里，不是走楼梯，是乘电梯上去的，但是好像捷克当时的社会情况还是和中国差不多。中国还可以归结到封建主义、宗亲观念特强，捷克就不能这么说，它老早就没有封建主义了，比德国还早，早已经往工业化那边去了。

唯一能想到的，就是公有制下权力的使用、交换。层层都有权力，每人管一小块，我管猪肉，掌握给谁拿好肉、给谁拿坏肉，跟大夫给谁拿好药、不给谁拿好药一样的。从那以后，我就对理想中的、马克思恩格斯心中的社会主义，开始有了不同的认识。

一九八三年到上海，接待我的是一个医学科学院的外事干部，人很好，对我也很照顾，但说话的时候，动不动就说"我派了谁谁去澳大利亚"、"我觉得南非不错，就叫谁去了南非"这种话，那些都是有名的医生教授啊，好像全国的医学交流的机会，都垄断在他那里。这人在我面前一点不飞扬跋扈，但说话时会漏出这些字眼，就是这样子。我心想你只是经办人嘛，为什么有权力派一个大教授去澳大利亚呢？

中国文化的自我更新

从一九七二年到现在，中国几十年来进步很大，社会秩序啦，人的素质啦，不可想象地进步。香港这次报道世博会，把它批得一塌糊涂，像市民排队啊、推打香港记者啊，这是因为香港的记者比较年轻，没有历史观，他仅拿今天的香港，或者他去过的一些地方，比如美国、澳大利亚来比，他没有拿四十年前的中国来比。我因为一九七二年就回国了，然后一九七八年，一九八一年，一九八三年……很多次，一九八七年住了近两个月，这么一看，这个进步就太大了。

我稍微担心的，是这样的进步能够维持多久，是不是到某个程度，就要从粗放型的进步转为细致型的进步，细致型的进步就会比较缓慢。每个人的公民意识、修养，都要提高，也要有环保、社会清洁的概念，真的做到"以人为本"，这个就很难了。更多的人际关系、社会群体的互动，是不是能在和谐、融洽的情况下进行，这也有待考验。

我知道 GDP 的厉害，也知道李约瑟难题：中国古代技术发达，但工业革命不在中国发生，不但不在中国发生，甚至不是擦肩而过，而且是离得远远的。人家的工业化已经很先进，我们还在那里，大的工作坊，一千个人做茶杯，那不叫工业化，有了基本的动力系统和与它匹配的管理方法，才叫作工业化。

我一直没太想通的是，中国文化里对排斥异质性和接受新元素，哪个为主？在什么时候发生？当然，任何一个人被人揍一顿的时候，都会出现排斥异质性，心理防范性较强，从这个角度来看，中国近两百年受创伤较大，因此排斥较强。但是不能否认，西欧最近几百年缔造的文明，无论是在理论上还是实践的结果上，都比我们强，如果要分优劣的话，他们确实强。那么，我们怎么去吸收？是把自己变洋人，还是走"中学为体，西学为用"的老路？这是很大的问题。

我看了不少"五四"运动的东西，那时要打倒孔家店，否定儒学，认为中国近代社会不进步，是因为儒家的关系，特别是宋明理学。现在有些人又主张恢复儒家，作为中国人共同的心灵家园。从打倒孔家店，到全国读经，社会上有很大一股崇尚儒学的势力，但儒学是否需要新元素，儒学的内涵是不是要宽阔一些、更新一些？

我所粗浅知道的儒家，宋朝之后，就是谈义理多，谈道统少，把佛教哲学也融入儒学，那时叫理学，英文叫 neo-confucianism。到了清代，重视小学，音韵、训诂，又跳过理学，去研究六经，从字词里去得到儒家的精髓。在我看来，这都没有把儒家更新。

传统是不能抛弃的，儒学是打不倒的，现在也证明了这一点，连共产党都在重新提倡儒学。任何一个社会、民族，都要在民族文化传统的规限下，进行自我更新，才能成功，如果自我更新的强度和方向跟传统相悖，是注定要失败的。但另外一方面，要是只注重传统，不去做更新，也会被周边淘汰。

那么从历史上看，哪种文化有过更新？基督教有。基督教从早期的神秘主义到中世纪的经院哲学，到马丁·路德的新思想，顺着资本主义发展方向的改革，到今天，在欧美国家，你问他："是不是基督教徒？"答："是。""圣诞节去不去教堂？""大概去。""相不相信耶稣复活？""相信。"但是，在社会的治理、科学的追求上，他不会因为《圣经》这么说了，就得这么做。他是实证主义的，是以经验为主，不以观念为先。

什么样的社会有自我更新的机制？更新的强度、力度和广度，都不可超过传统能够容忍的范围。就像一向吃白菜豆腐的人，非吃大鱼大肉不可的时候，胃就受不了。我觉得近代儒家就没经过这阶段，没机会。它以前吸收过黄老，后来是佛教，为什么现在不能吸收西方的东西？唐君毅、杜维明等新儒家，他们也讲康德哲学嘛！总之，儒家，孔子、孟子算是创始人，荀子走了样，但还是更新，到董仲舒已经开始变样了，到朱熹时应该是环境使然，朱熹也还是做《周易参同契》，清朝我不太懂，开始做小学。今天儒家的方向是什么？是搞小学，还是重六经，或者是时代精神的更新？我很想看看儒家有没有自我更新的能力。

兴膳宏、川合康三、金文京

历史与现状——漫谈日本的中国古典
文学研究

兴膳宏

1936 年生于日本福冈县福冈市。1961 年毕业于京都大学，1966 年博士课程修了，先后任教于爱知教育大学、名古屋大学、京都大学，曾为京都大学文学院长、京都国立博物馆馆长、财团法人东洋学会理事长，获颁"日本学士院赏"，现为京都大学名誉教授。主要著作有《中国的文学理论》、《文心雕龙译注》、《隋书经籍志详考》（合著）、《异域之眼：中国文化散策》、《杜甫：超越忧愁的诗人》等。

川合康三

1948 年生于日本静冈县浜松市。1971 年毕业于京都大学，1976 年博士课程中退，先后任教于东北大学、京都大学，现为国学院大学教授。主要著作有《中国的自传文学》、《终南山的变容：中唐文学论集》、《隋书经籍志详考》（合著）、《韩愈诗译注》（合著）等。

金文京

1952 年生于日本东京。1974 年毕业于庆应义塾大学，1979 年京都大学博士课程修了，先后任职于庆应义塾大学、京都大学人文科学研究所，曾为京都大学人文科学研究所所长，现为鹤见大学教授。主要著作有《花关索传的研究》、《三国演义的世界》（合著）、《"至正条格"校注本》、《汉文和东亚：训读的文化圈》（获"角川财团学艺赏"）等。

明治以来的中国古典研究

　　戴　燕: 我们都知道,日本研究中国古典文学有很长的历史,有相当重要的成就,即便简单介绍这些历史和成就,恐怕也需要相当长的时间。今天能不能压缩一下,集中谈五十年来的情况?

　　兴膳宏: 如果只讲五十年代以后,是不容易讲清楚的,还是要把时间放长一点,概括起来,就是需要讲明治以来一百年间的中国文学研究的情况及其变化。在日本,江户以来就有汉学的传统,这个传统在包括江户以前的相当长的时间里,一直存在着。所谓汉学,是日本学问中最重要的部分。日本曾经有这样的传统,就是由汉学而学习中国文化,再由学习中国文化而创造自己的文化。日本把中国当作唯一外国的状态,延续了几百年,对于日本来说,中国文化便是全部的外国文化。到了明治时代,特别是日清战争(甲午战争)以后,日本人的中国观发生了很大的变化,西洋文化受到欢迎,而中国文化则被弃之于角落。从具体史料上看，京都大学文学部从明治三十九年（一九〇六）创建，就开始有中国语学中国文学讲座，二十年间，也就是到大正初期，中国文学专业的毕业生总共才有十八个人，平均每年不到一个学生，这大概能够反映出在当时的日本文化中，中国文化所占的比重。然而，作为学问的中国学却因此获得新的转机，这就是不单继承传统汉学，而且吸收了西洋方法的新的中国学的诞生。

值得一提的是，与此同时，人们还重新注意到中国清朝以考据为主的朴学，在京都大学第一代学者狩野直喜先生的研究中，最重要的一点，便是他使用了考据学的方法。应当说，新的中国文学研究，是由两种方法的运用形成的。比较起来，在东京大学，江户汉学的传统遗留要强一些，作为学风上的反拨，并为迎接新时代和新学术的到来，京都大学设置了中国文学专业，至今也有了将近百年的历史。而随着时代的发展和变化，新的研究方法也在不断地逐渐产生。我的老师吉川幸次郎先生在战后，作为中国古典文学的最先锋的研究者，影响就很大，他的研究的最重要特征，就是把中国文学由过去作为爱好者的汉学，变成为世界文学领域中的一部分，也就是说把中国文学当成一种外国文学来研究。吉川先生还有一个特征，是他的研究与语言有着非常紧密的联系，不是从外部即历史的出发点去看文学，而是以语言为基础，从文学即以语言为根本的内部条件出发。

这形成了吉川先生的学风。就京都大学来说，虽然因研究者的个性不同，而有不同的研究风格，不过总体上看，大家都是在这样的学风中成长的。不足的部分，请川合先生和金先生补充。

川合康三：日本的中国文学研究，与西欧等其他国家的中国文学研究不同的地方，是日本曾经有很长时间的充分的积累。江户时代的日本人，是像中国人一样能读能写汉文的，这与近代以后的情况不同。现在研究江户时代学术的人，往往偏重汉学以外的部分，其实当时人还认为，汉文学是日本文学中具有最高价值的。明治三十年前后，出了不少中国文学史著作，作者大多是二十多岁的年轻人，令人惊讶，一方面这跟江户时代的积累有关；另一方面，大概是今天所不能想象的与西洋近代文化角逐、竞争的愿望，成了他们的动力。

金文京：十九世纪以后也就是到明治时期，同样的中国古典文学研究，由于西洋方法的影响，也有了全新的眼光和内容，中国文学还有中国哲学等概念本身，就是西洋影响下形成的。在整个世界范围内来看，明治时代可以说是产生了许多优秀的成果。我考虑这里边有三个原因：

第一，正如二位先生讲到的，日本有很长的研究传统，而且我认为这一学术传统到江户末期，实际上发展到了最高水平。一般认为明治是全盘西化的时代，政治上讲也许是这样，不过政治与文化之间常常是有时差的，比如说汉文学，就在明治时代达到了巅峰状态，并且借助于西方科学文化影响下的出版业的发达，达到前所未有的普及，这是一个很好的基础。

第二，日本研究中国的传统既长，同时也保存了许多中国亡佚的文献资料，从江户时代就有向清朝介绍的，例如《七经孟子考文并补遗》和皇侃的《论语义疏》，当这些资料重新介绍到中国的时候，在中国引起很大反响，明治以后，这种逆向输入的风气更盛，比如杨守敬就做过这方面大量的工作。这种逆向输入所附带着的一个重要现象，最值得注意，便是它对于学术变化所起的作用，使以前不被重视的领域，得到重新发现和评估的机会，小说、戏曲研究中有很多这样的例子，比如在日本发现的《游仙窟》、"三言"、《三藏取经诗话》和《金瓶梅》，都给小说史研究带来过决定性的影响，它们的价值堪与敦煌史料相比。应当说，这些珍贵资料的发掘和利用，也给学术研究奠定了比较好的基础。

第三，明治以后，日本先一步接受西洋方法，在新的文学概念下进行新的研究，较中国有了一日之长，西洋虽然用自己的方法研究中国，但比起日本，他们在利用资料上有欠缺，因此，日本是处在一个有利的立场的。

基于以上三点理由，明治时代的日本在中国学的研究方面，创造了非常高水平的业绩。

从汉学教养到中国学研究的变化

兴膳宏：我最近在为日本中国学会做五十年的历史总结的时候，注意到正像金先生讲到的，从明治到大正时期的专业学者，兴趣多转向小说等俗文学方面，狩野先生从事小说研究，对敦煌新史料也有研究。作为传统的中国文学的爱好者，日本人主要重视诗文，很少对戏曲的专业研究，不过像京都大学的铃木虎雄，尽管始终以诗文为研究对象，起初对小说戏曲也有过兴趣。

战前和战争中研究中国文学的状况，从目录上看，战前大概每年全国有六十到七十篇论文，随着战争的激烈化，急剧下降，一年大概只有二十到三十篇论文。那么，再像李白、杜甫的诗，在战前即大正末年出版的《国译汉文大成》中，基本上都是用传统的训读方式来翻译的，诗歌之外，连《水浒传》、《红楼梦》这样的小说也用训读法来译。总体说来，这种状况的彻底改变，还是在战后。吉川先生的《新唐诗选》是在一九五二年由岩波书店出版的，与著名诗人三好达治合作，他是以西洋文学的研究方法为基础，来介绍中国文学的，即便对不懂汉文汉诗的一般读者，它也是非常容易理解的，因此这本书在当时大受欢迎。对中国文学以及唐诗的新的兴趣，正是在这以后产生的。不久，岩波书店又出版了《中国诗人选集》十八卷、《中国诗人选集续集》十二卷，选入从《诗经》到清末的具有代表性的诗人，用的也是现代读者容易理解的日本白话。这种介绍中国传统文学的方法在战前战中，除了极少数以外，都未曾有过，可以说一直到今天都有影响。

但是与此相对照的，是明治以来，对中国古典的所谓汉学教养的急速下降，不过这一现象，从另一方面也可以说是为将中国文学当作外国文学来理解，准备了很好的条件，就作为教养的汉学本身来讲，也许有不利的一面，但对中国文学的研究，却不能不说是有利的。

川合康三：用口语翻译，《尚书正义》是不是更早一点？

兴膳宏：对，那也是吉川先生做的，他还有元曲的翻译，都是战争当中做的。那时候除了吉川先生，还没有人用口语做翻译。当时大学里是没有中国语学习课程的，以中国现代文学作品为教材，最初也是由当时在京都大学的仓石武四郎先生实现的，因为他用鲁迅的作品作教材，所以引起许多人的兴趣。而在那个时候，除了外国语学校，其他学校都没有中国语课，学习中国语，只有在大学以外的地方。

川合康三：吉川先生是把中国文学当作外国文学的一种，向日本人介绍的，他的贡献相当大。例如他的杜甫研究。在中国，自古以来杜甫就是诗圣，那是由于他具有合乎儒家思想的一面，一九四九年后，又评价他为人民的诗人。然而，吉川先生却完全改变了这样一种中国式的看法，他从文学、从诗本身出发，重新确定了杜甫的重要意义。但在今天一般的日本读者当中，中国文学依然只是一种特殊的文学，是一些喜欢怀旧的老人的特殊的爱好和兴趣，并不具有普遍性，可是他们对美国文学的感情就不一样，现在他们把美国文学当作自己同时代的文学来接受。

兴膳宏：现在年纪大的人对古典有兴趣，当然可能出于怀旧的心情，不过也不全是怀旧。在日本，有所谓"诗吟"，就是朗诵汉诗，喜欢诗吟的多是年长者，我以为在年轻人中间，这种现象快要消失了。

金文京：明治初年，日本一度有过汉学或说汉诗热，这以后人们对汉学的热情急剧下降，尽管如此，汉学作为一种修养，至少一二十年前仍然是不少文人学者的想法，但是现在的年轻人已经完全不需要这种修养了。我想，这种彻底的不关心未尝不是好事，就像兴膳先生说的那样，中国文学也许正如此，才会真正被当作世界文学的一部分来重新认识与接受。

兴膳宏：明治二十年代，森鸥外和新声社的同人编辑翻译诗集《于母影》，除了收有高启《青丘子》之外，其余全是西洋诗，而且有些译诗是用汉诗的形式，可见那时候人们并不觉得汉诗还要翻译，意识不到中国诗也是外国诗。这以后要到大正末年，才有用和文诗翻译汉诗的，当时用的主要是文语，还不是口语。昭和十年前后，井伏鳟二用俗语翻译唐诗绝句，比如他用"小呗调"翻译李白的诗《静夜思》，给读者带来异常新鲜的感觉，这里边其实反映了昭和时代人对汉学态度的微妙变化，他们已经意识到汉诗实际上是外国诗。

训读的特点及必要性

戴　燕：我看日本翻译出版的中国古典文学作品，一般都有训读和现代语译两个部分，训读是一种很特别的形式，能不能算是传统汉学的一种延续？

川合康三：训读是介乎原文和译文之间的，一般读者读法国诗歌，只用日语，跟原文完全没关系，但读中国诗，却用训读的方式，训读能够使人贴近原作。

兴膳宏：训读简单地说，就是直译，中国语和日本语在语序上完全不同，这就是颠倒中国语的语序，使之变成日语。不懂中国语的人中，也有懂训读的，这就是为他们做的。训读是江户以前就有的，日本接受中国文化的独特方法，今天的训读也是这一传统的延续，是日本所独创的。这一方法也常常被欧美学者所羡慕，因为完全不懂中国语的人，也能够通过训读来看中国文学，这是在英语、法语、德语或其他语言读古希腊和拉丁文学的时候，都不可能做到的。当然如果仅仅停留在训读上，还不够。总之，我认为训读也是必要的。

金文京：训读实际上是日本的古文，原文是中国的古典文学，经过训读，变成日本文学。现在日本的高中课本里还有汉文，这些汉文本来是中国的作品，可却是被当作日本文学来读的。训读的好处在于能够借此体会汉文的文体，翻译成口语，意思是明白了，但是了解汉文的文章结构，还是训读有利。我们现在在教学和研究中，兼用训读和现代语译，固然有延续传统的意思，但也可以说是兼采两种方法之长，使意思和文体都得到表达。也曾有人提议放弃训读，我自己觉得还是两者都用的好。另外，训读之所以产生，是由于日语的语法结构与汉语不同，也正因如此，语法跟日语相同，接受中国文化比日本略早的朝鲜、契丹等民族，都曾经用过训读式的方法，训读恐怕并不是最早起于日本的。

戴　燕：在中国古典文学研究由传统向"近代"转换的过程中，日本学者曾经有着清醒的认识。

金文京：由前面讲过的三个因素，造成了日本学界的特殊点。刚才兴膳先生也说到小说研究的成果较丰富，这个小说当然是西洋文学的概念，而研究成果的取得，首先基于一般人对小说的熟悉，其次是史料的不断发现，当然也是人们对它以前的研究很少，使这一方面出了不少成绩，后来在中国，对小说的研究也很兴盛。不过在日本，诗的研究一直是受重视的，特别是京都大学，从来都是新、旧并重，刚才兴膳先生讲铃木虎雄曾对小说戏曲有意，可是他还是以研究诗闻名。讲到方法论的问题，日本在使用西洋方法之前，其实就有了自己的方法意识，吉川幸次郎先生对元曲很有研究，但是他研究元曲的方法却是经学式的，而他研究经学的态度，又相当不同于从前的经学家。就比如他研究《尚书》吧，自从清人考证《古文尚书》是伪书，断定没有价值以来，很少有人去研究它，但吉川先生却认为，虽然是伪书，可六朝以后一直有人读它，应该说就有它的价值。这种看法，开拓了新的研究方法，这一点上，京都的学者尤有贡献。

兴膳宏：吉川先生研究《尚书》的目的，其实出于对六朝以来学者对它的讨论的关心。尽管有伪书的成分，可是却能够借此了解当时人的想法，这跟他的俗文学研究的方法，是有共通之处的。在日本的中国古典文学研究新潮流中，川合他们的中唐研究也是有非常独特的视角和成绩的。

川合康三：还是回到前边的话题上。当西欧的近代文明如潮水涌入，日本人很轻易地就丢掉了汉文学转而认同西欧。比如西周是一个汉学素养很深的人，他曾经利用自己的汉学修养，把西欧近代的一些新概念用汉字加以翻译，这些概念在中国也被使用着；然而就是这位西周，却也把汉学等同于茶道、插花一类，因而舍弃汉学，转向西欧；这种情形在中国大概不会发生。在中国，传统文化根深蒂固，接受西欧近代文化的时候，也曾遭致强烈的抵抗，鲁迅要年轻人不读中国的旧书，那是因为鲁迅饱尝了其中苦涩的味道。日本却是极其简单地就从中国转向了西欧。夏目漱石从小学习汉文学，那就是他心目中的文学，当他进大学开始学习英国文学以后，突然发现所谓文学，跟原来自己一直拥有的概念完全不同。

而到我们这一代人，文学观念的逆转又恰恰与他们相反，我们先接受西洋文学，然后进入中国文学，发现这是完全不同的园地，这是一个变化的原因。还有一个契机是西洋近代的文学观，到今天也发生了变化，在如今的年轻人中间变得不再通行，这给我们重新认识中国古典文学也带来新的机缘。从汉学到西欧近代，再到现在，不单日本，这是在中国或西欧也看得到的现象。

兴膳宏：在我上大学的二十世纪五六十年代，年轻人对文学的热情很高，文学青年很多，我也是这样。像当时在法国很有名的萨特、加缪，也是日本年轻人憧憬的对象，文学很高贵。但大概是世界性的倾向吧，现在的文学好像处在很低迷的状态，这是个文学不幸的时代，没有哪个作家再享有萨特、加缪那样世上无人不晓的待遇。

戴　燕：传统的中国古典文学研究一向是以诗文为中心的，近代以来，诗文的研究依然不衰，可是，要说有突破性的成果，大概多还在戏曲、小说这些新的研究领域。

金文京：在日本，向来是诗文的研究者要多一些，研究小说的人其次，研究戏曲的人最少，中国研究戏曲的人好像也比较少。

为什么研究六朝文学及如何研究

兴膳宏：如果以我自己的经历来说，最初为什么选择六朝，动机之一是中国几乎没有人研究这一段，虽然最近在中国六朝研究渐渐兴盛起来，但由于政治还是什么原因，五六十年代却是没有人做的。向来的文学史解释都说汉代有伟大的司马迁，唐代有伟大的李白、杜甫，六朝除了陶渊明，好像就再没有什么伟大的人物。如果说文学是一个不断发展的过程，这显然就很没有说服力，因为伟大的文学不可能一夜间，而应当在长期的历史积累上诞生，文学史如果只着眼于唐代，而空缺六朝，无论如何是不充分的。还有一个动机是，唐诗当然发展得很成熟，成果很大，比较之下，六朝诗歌当然是不太成熟的，然而正是这种不成熟，使它有自己独特的魅力，所以我想只研究唐诗是不行的。我研究六朝，大概就出于这两个动机。

川合康三：我也觉得日本对没有最后完成或者说尚

未成熟的东西的兴趣，比中国学者要高。

戴　燕：到目前为止，兴膳先生研究的重点都在六朝？

兴膳宏：我开始写大学毕业论文时，讨论的是嵇康的诗，一面就四言诗探讨他的文学风格，一面探讨他诗歌中的"飞鸟"的象征意味。到硕士毕业时，写了《诗人郭璞》，在这篇论文里，我尝试结合史书中有关他的占筮者身份的记载，结合他的《江赋》，来重新研究他的游仙诗。在修完博士课程写论文《左思与咏史诗》的时候，我则注意到应当把左思的咏史诗放在其前后的咏史诗源流，以及更宽大的历史背景中去考虑。这一段时间里，我还写过一些六朝诗人论的文章，像《谢朓诗的抒情》等，那时的关心点主要是诗歌。

大学毕业以后，我开始往文学理论方向拓展，做的第一件事就是《文心雕龙》的翻译，这个译本作为"世界古典文学全集"中的一种，一九六八年由筑摩书房出版。这也是《文心雕龙》在日本的第一个加注释的全译本，它包括现代语译、训读和注释三部分。我当时参考较多的是范文澜的《文心雕龙注》，但对范注有所补正。当然费力最多的还是在翻译上，要用现代普通的日语来表达中国古典的文学理论，不是一件容易的事。现在，《文心雕龙》在日本共有三种全译本。

二十世纪六十年代初，我还参加了当时由立命馆大学高木正一教授主持、吉川幸次郎和小川环树教授等协力组织的一个《诗品》研究会，注释和翻译《诗品》。研究会读《诗品》读得非常仔细，在阅读过程中同时校正了陈延杰、古直等旧注中的一些错误，研究会每月进行一次，断断续续持续了四年，其结果就是后来由东海大学出版会出版的《钟嵘诗品译注》。通过翻译注释《文心雕龙》和参与这个集合了当时许多一流学者的《诗品》研究会，我在六朝文学理论中确立了两个研究点，两部形态不同、风格不同的文论著作，对理解这个时代及以后的文学都有很重要的价值。

戴　燕：我对兴膳先生讲的这种由翻译注释而细读文献的方式很感兴趣，我想，这同时也是一种很好的基本文献的训练方法。

兴膳宏：在我研究文论的过程中，受到过中国学术界的启发，不过中国学界对于文论史的描述，也总令我感到有所不满，我希望对文论演变的源流线索，能有一个更加合理的解释。一九八八年，我出版了《中国的文学理论》一书，收录了此前的有关论文，并因此获得博士学位。这期间，我还为筑摩书房的"中国诗文选"系列写了《潘岳　陆机》一书，后来又写过有关庾信的传记与文学的书出版。

戴　燕：兴膳先生的研究似乎还在向唐、宋延伸。

兴膳宏：我确实也想了解唐、宋时代文学理论的状况。唐代文论的史料不多，空海的《文镜秘府论》很值得重视。空海九世纪初到长安，他的《文镜秘府论》如实记录了当时中国文坛的状况，比如在近体诗的问题上，我们能看到的最有趣的现象，就是六朝的四声八病说与唐代的平仄声律这两种新旧规则的并用，比较空海留学前后所写的诗，也能看到格律上的某种变化，所以，从《文镜秘府论》中，可以了解唐代文学的一部分真相。一九九四年我在南开大学的演讲，就讲了这个问题，论文也曾发表在中华书局出版的《传统文化与现代化》杂志上。一九八六年有《文镜秘府论》的翻译本出版。关于宋代文学理论，我的研究将集中在诗话方面。我想，欧阳修《六一诗话》虽然只是关于诗的随笔，不具有理论形式，但它已经涉及了以后的诗话所将要论列的大部分问题。

戴　燕：我们注意到兴膳先生最近不时涉足宗教领域。

兴膳宏：近来我常常思考，有些问题是不能局限在狭义的文学领域内解决的，要联系艺术、宗教和技术各方面的因素一并考虑。例如《诗品》把诗人分为上、中、下三品，这种评论方法在书法中也有。又如沈约是一个有着很深的宗教修养的人，读他的诗，没有道教、佛教知识不行，而读刘勰的《文心雕龙》，最好也要懂一点佛教。搞六朝文学，一定要联系到宗教，对唐代的研究也如此，总之，面要宽一点才好。我和川合先生做《隋书经籍志详考》的时候，也是希望把学术放到整个文化史的视野中加以考察和研究。现在我还在同两位年轻学者一起翻译注释《朱子语类》，正在进行的是"读书法"、"论文"两部分，成果陆续发表在《中国文学报》上。跟"语录"相关的，是中国传统的教育方式，从《论语》以来，这种在谈话之间传递思想学问的方法，就是中国文化传播继承的重要方法。另外，今年起我给研究生开了一门读梁元帝《金楼子》的课，这本书在中国一向少有研究，其实它对理解南北朝时期人的个性心理十分有帮助。我以为《颜氏家训》有可能受过它的影响，两书对照，相似之处随时可见，放到一起读的话，才能够更深入地研究六世纪知识阶层的思想和精神世界。

在六朝文学史的研究当中，《金楼子》和《颜氏家训》、《世说新语》、《玉台新咏》、《文选》都是极其重要的基础文献，是必须认真研读的。我在这里顺便提一句，现在有些人比较重视新发现的文献，这本不错，但却不能因此忽略对传世文献的研究，像敦煌文献的发现，固然在学术史上有着重大的作用，不过在相当长的时间里，实际上真正对社会产生影响的还是《文选》一类的东西，我还是主张从这些基本史料入手的。现在研究六朝文学有一个麻烦，是缺少一本像傅璇琮先生主编的《唐才子传校笺》或像小川环树先生编的《唐代诗人传》那样的诗人传记，我们最近就正在做这样的一个《六朝诗人传》，依小川先生的体例，主要用正史中的人物传，加翻译和注释合成。

中国文学与日本精神

戴　燕： 听说川合先生还有神户大学的釜谷武志先生也都在参与负责《六朝诗人传》的编写工作。川合先生曾经有一段时间主要研究中唐，不过我的印象是对中唐以前或以后的文学也不乏关照，而且川合先生的论文总有一种独特的视角和很强的理论风格。

川合康三： 我是一九六七年进京都大学的，那正是中国"文化大革命"开始的时候，我的大学时代几乎看不到什么中国书，有的只是《毛泽东语录》，我们也根本无法想象"去中国"这件事，应当说我上学的时代，不是学习中国文学的好时代。堪称幸运的是，我从大学一年级起，就参加了吉川幸次郎先生组织学生做的一个"小读杜会"（他同时还主持了一个由先生们参加的"大读杜会"），在那里念杜甫的诗。研究生时代又受到小川环树先生的指导，毕业后留校任助手三年，然后去东北大学八年，一九八七年重回京都大学。这中间，吉川和小川先生一直是我学习中国古典诗歌的老师，我也可以说是他们最后的学生吧。

戴　燕： 在"中国缺席"的时代，不知道怎样研究中国文学？

川合康三：文学，就像前边讲过的，当然是西洋近代语境中的文学。我大学毕业时选了李贺的诗来写论文，在分析李贺诗所表现的极为特殊的触觉、嗅觉和视觉时，我依据的就是西欧近代的文学理论，加上日本当代的文学理论。到写硕士论文的时候，我转到了《李商隐的恋爱诗》上，讨论从六朝到李贺、从李贺到李商隐的恋爱诗的异同。

戴　燕：我看到你那时特意为这篇论文加了一个注释，大意是说：恋爱一词是明治时代 Love 的译语，用来表述九世纪中国人的爱情并不完全吻合，本文只在"有关男女情爱的诗歌"这一意义上使用它。这个特别的注解和这篇发表于一九七四年的论文，已经很流露出你后来的兴趣和取向。

川合康三：那时候我的兴趣正在结构主义的文学理论上，对中国古典文学研究的方法也考虑较多，在题为《阮籍的飞翔》的文章中，我就避开了过去人喜欢追究的"诗人用鸟象征什么"的提问方式，尝试讨论诗人为什么用鸟、用鸟可以达到怎样效果的问题。二十世纪八十年代初我写了《李贺及其比喻》一文，探讨中国古典环境中诗性语言与日常语言的关系，后来到西安参加唐代文学研究会，发现这类问题其时也很受中国年轻学人的关注。不过我自己对于运用结构主义分析中国古典诗歌的热情后来也有所降温，因为后来我觉得结构主义不是唯一的方法，也不适用于所有的诗歌研究。

戴　燕：大概到九十年代，你的论文有一点小小的变化，但还不是理论色彩的减弱，而是你想要把西洋现代的理论框架，更加了无痕迹地运用在中国古典诗歌的研究当中。

川合康三：我现在的想法是，中国文学首先是产生在中国文化中的一种现象，应当在文化背景下面研究文学。这也是我们中唐文学会成员比较一致的倾向。

戴　燕：你写《中国的自传文学》，是不是就本着这一想法？听说这本书将要有中译本出版。

川合康三：我想，通过研究自传，能够分析出中国人的自我认识方式。如果以中国人写的自传与西欧近代人的自传比较，就会看到两种不同文化带来的根本差别：西欧近代的自传多伴随着忏悔和自省，可以当作人的"精神的自我形成史"来看，这是同他们的宗教观念相联系的；而中国的自传却更加强调作为个人同社会的关系的一面，喜欢突出社会集团中与众不同的自我，这也是中国所特有的文化的产物。

戴　燕：你的论文中越来越多地出现了特定文化中的"人"的形象，比如一九九〇年《中国文学报》上发表的《韩愈与白居易——对立与融和》一文，就是依据历史、环境和个人资质这样三重因素，来分析韩愈文学中的自我戏谑化以及白居易文学中的自足感的形成。你最近开的一门课干脆就叫"宋代的士大夫与文学"，可不可以说"中国"作为一个文化实体，它在你的研究中，面目越来越清晰？

川合康三：也可以这样说。

戴　燕：不久前你写过一篇论文《诗创造世界吗——中唐的诗和造物》，以后又有一篇《终南山的变容——从盛唐到中唐》，主要讨论中唐诗的语言特征，语言与文化的关系，大概因为有结构主义那套语言分析的工夫在，显得都很精致。

川合康三：这些论文都在探讨中国文学家的世界观如何变迁的问题。我想要追问的是，作品的背后，究竟潜藏着怎样的世界观？文学，从历史上看，总是经历着由集体语言转向个性化语言的过程，在《终南山》的论文中，我就是根据这一思路，考察了具有集团象征意味的终南山，是怎样变化成为个人认识中的终南山的，尤其在盛唐到中唐的阶段，这种转变可以看得非常清楚。到了中唐时期，当盛唐诗人所共有的安定的世界观，他们对世界的信赖以及自认可能认识全体世界的心理崩溃之后，诗人们便不得不仅仅依靠着自己有限的和局部的见闻，去把握终南山了。这时虽然有个例外者韩愈，韩愈还在努力向整个终南山挑战，但是，看他所描述的终南山，仍然只是由局部缀合而成的，最终也无法达到王维那样的气吞山河的境界。通过诗，能够观察到世界观、精神史和文化全体，这是一个方面；另一方面，对于诗的内部，也即语言如何变成诗，这样的诗学的根本问题，我也很有兴趣。前面提到《阮籍的飞翔》一文，我在那里就是借了"飞翔"的意象，来分析阮籍的咏怀诗何以为诗的。然而，这也正是文学研究中最深远的问题，而诗的秘密，不是三言两语就说得清楚的。

戴 燕：那么你所关心的问题，应该说是"普遍"的诗，而不止中国诗。你觉得研究中国古典诗歌，有什么特别的意义吗？

川合康三：要说我自己为什么选择研究中国古典文学，我想，人们对事物感觉、观察和思考的方法是由文化决定的，我们日本人的精神构造乃至于感性思维，是在日本文化中形成的，它们都曾经受到过中国的影响。这也就是说，日本人中的相当一部分具有中国的因素。因此，了解中国过去的文学，可以知道日本人的感性、感情和精神是怎样形成的。

研究中国的边缘文化及其与中心文化的交流

戴 燕：金先生的研究好像又有一点不一样。

金文京：我对中国文学发生兴趣，跟川合先生一样，也是深受吉川先生的影响，也参加过"小读杜会"，因此念大学的时候，就想研究经学和古典诗文，专心阅读"四书""五经"。后来有机会去港台旅游，亲眼看到中国社会，就感到吉川先生所说的中国，只是士大夫文人的中国，而中国文化中原来还另有与此不同的广阔天地，于是兴趣慢慢转移到戏曲小说方面，大学毕业论文及硕士论文都以元曲为题，而本来我也是从小就喜欢看中国通俗小说的，颇为上瘾。

我对元曲的看法，与中国学者不尽相同，说元曲是"人民文学"或"民族文学"，恐怕都是以今酌古的看法，我以为把元曲当成城市文学、市民文学，更为恰当并且接近事实。我写过一篇论文，谈关汉卿与医学的关系，因为在关汉卿的传记资料中，唯一可靠的就是他和太医院有关，而金元时期是一个医学鼎盛的时代，医学知识的普及和医生社会地位的提高，在元曲中都有所反映。当然我的这一看法，可能不容易被人接受。后来，我的兴趣又转向讲唱文学，包括敦煌变文、元明词话以及近代广东的木鱼书等。我认为，讲唱文学不仅跟戏曲小说有密切的关系，其实还是整个中国文学，包括古典诗歌的来源，应该予以更多的关注。我在这方面的代表性著作是《花关索传之研究》，这是我跟几个朋友合作编撰的《花关索传》的注解和有关研究。《花关索传》对澄清《三国演义》的版本系统，或研究讲唱文学的发展演变，都具有关键性的价值，却没受到应有的注意，美国虽曾有翻译，但注解很简单，因此，这本书是目前对这一作品的最详尽的研究。几年前，我还跟两个朋友合编了广东木鱼书的目录，比谭正璧先生的目录更详备，书中涉及了木鱼书与敦煌变文的关系，这也是中国学者不甚注意的领域。

总之，我倾向于研究中国的边缘文化以及边缘文化与中心文化的交流渊源关系。还有一点可以说一说，日本过去对小说研究的贡献，主要在资料方面，现在，日本所拥有的大部分资料都公开了，这个优势便减少了许多，但也并没有完全失去。我最近几年研究《三国演义》的版本，就发现日本还藏有一些版本，过去没人注意，利用它们能够很好地解决《三国演义》的版本系统问题。在中国，大多数研究者只用嘉靖本、毛评本来研究这部小说，其实日本和欧洲都还有些重要的版本可资利用，从中可以看到很多重要的差异。

戴　燕：我注意到在你的谈话中，有时不是用小说，而是用"讲唱"这个概念，这个概念很有意思。

金文京：过去日本研究中国的小说，在观念上就有些特殊的地方。其一，虽然日本是一个受中国文化影响很深的国家，但至少有一点不同，日本的国文学中向来就有小说的传统，《源氏物语》是世界上已知最早的小说，因为有这一传统，当我们转而用近代西欧的文学观念来研究小说的时候，是比较自然和贴近的。

其二，日本在研究自己国家小说的时候，是非常注意小说同周围相关艺术（艺能）的联系的，这些相关艺术包括戏曲、说唱、绘画等，大概由于这一影响，我们这些中国小说的研究者，有时候也比较注意中国小说与说唱文学、与绘画的关系，这跟鲁迅、郑振铎的做法都很不同。

其三，最近十多年，小说研究者中还有一个新的潮流，是通过小说来研究神话。过去中国研究神话，一般利用两部分文献，一是像《山海经》那样的古文献，用古文献中的零星资料来重构神话系统，还有一类文献就是少数民族地区的口传资料。但是这两部分文献之间，其实隔着很长的时间的鸿沟，能够填补这当中巨大空白的，我们以为是小说。日本有一个古典小说研究会，最近不少人致力于研究小说中的神话因素。根据研究，例如《三国演义》里的关公，我们就发现他不光是个历史人物，他的形象其实具有水神、剑神等神话性内涵，这种小说中的神话形象，与日本和欧亚的神话有着共通性。当然从这方面的研究中，看得出日本或西方文学研究的影响。此外，我们还将民俗学的研究同小说结合起来，比如研究类书与小说的关系，大概也是有一点特色的。

戴　燕：我有一个印象，就是日本学界也很注意学术研究的"国际化"，同国外的同行有很多交流，听说兴膳先生法语很好，对法国的中国研究也很熟悉。

兴膳宏：要讲研究中国的学问，在欧洲，当然法国最发达，就拿敦煌文献的解读来说，法国是最好的，斯坦因虽然拿走了比较多的敦煌卷子，但质量未见得高，伯希和带回法国的虽少却好。法国在敦煌和道教的研究方面，成绩卓著，马伯乐、戴密微都是知名的专家。他们对中国文学的关心，主要着重于俗文学，同时主要是翻译，像明代小说《三国演义》、《金瓶梅》和一些短篇，还有元杂剧等。诗歌方面，十九世纪末有过一种唐诗译本，那也是中国诗在欧洲的最早翻译，中间隔了很长时间，到一九六二年，在戴密微主持下，才新出了一个从汉诗到清诗的选译本，最近则有陶渊明、李白、杜甫等人的诗歌系列出版。在传统诗文研究中，桀溺、侯思孟等学者已经取得了很大成绩，我从他们的成果中也学习到不少。但相对于日本，法国研究中国文学的人比较少。

戴　燕：我知道川合先生对美国的情况十分熟悉，最近读到由川合先生翻译、发表在《中国文学报》上的倪豪士写的《美国的中国古典诗的研究》，介绍一九六二年到一九九六年的有关情况，觉得很有收获。

金文京：我对西方的中国研究所知有限，无法提出客观的看法，不过在我的印象中，欧洲的中国研究最近似乎渐趋式微，美国却有后来居上之势。美国的中国研究主要不是各部门的单独研究，而是用地域的眼光做综合性的研究，且以丰富的财力和信息运作能力，收罗到广泛的资料，因此他们的研究往往会有前人未能见到的地方。但他们也有缺憾，就是诠释文献或有不准确，以致细节方面会有错误，这未免叫人对其结论稍打折扣，不过总的说来，可借鉴的地方居多。